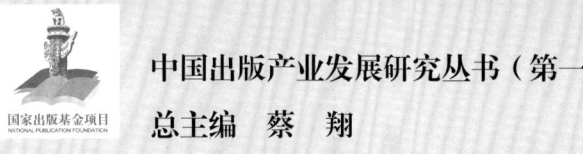

中国出版产业发展研究丛书(第一辑)
总主编 蔡 翔

中文人文社会科学学术期刊评价体系研究

A Research on the Evaluation System of Chinese Academic Journals of Humanities and Social Sciences

赵 均 著

中国传媒大学出版社
·北京·

序:改革是出版发展的唯一路径

中国传媒大学副校长 蔡翔

国家新闻出版广电总局近期发布了最新的产业分析报告。从"十二五"期间的产业数据看,我国出版业呈现出良性发展态势,且不乏亮点和拓展空间,再次增强了我们的士气和信心。"十二五"期间,图书出版营业收入大幅增长且年年增长,2015年达到822.6亿元,5年增幅达261亿元,增长了46.4%。传统出版与新兴出版的融合发展势头强劲,作为新业态的数字出版五年增长了318.7%,且每年增速超过30%,已成为增长最快的板块。出版业整体资本实力显著增强,据世界银行发布的资料,我国出版业投融资能力已稳居世界第一位,在跨国兼并中,中国已经成为第一大主力阵营。从以上这些分析我们不难看出,在中国的文化产业建设中,出版产业堪称中流砥柱。出版产业做不好,文化产业成为支柱产业就有可能成为空话;只有出版做强做大,文化才能真正强大起来。

我们亲历并紧密关注出版业发展,是出于产业思考,更是出于文化情怀。出版作为内容产业和文化事业,是人类知识积累和文化传承的重要力量,寄托了一代又一代文化人的理想和情怀。出版传承文化的本质不会随着时代更迭和技术变革而发生变化,其本质与产业化运营并不相悖,产业是出版的载体,产业化运营是出版更好发挥社会功用的引擎,这已经被过去十几年我们出版业翻天覆地的变化所验证,也是身处其间的我们真切感受到的。

2002年,党的十六大正式提出发展文化产业,十七届六中全会决定把文化产业发展成国民经济支柱型产业。我们的出版管理部门敏锐地捕捉到改革对于推动文化产业成为支柱产业的重大意义。以柳斌杰署长为代表的一代改革派,在其后的十年间,和支持者、同行者们一起,坚定地拉开了改革的序幕,推动了中国出版市场化的进程,有力地提升了文化产业在我国国民经济体系中的影响力、活跃度和话语权。

如今回首,从时间进程上看,这十年的中国出版体制改革具有渐进性特点,并表现出明显的阶段性。2003年,国家开展文化体制改革试点工作,出版体制改革拉开帷幕。2005年,随着中央《关于深化文化体制改革的若干意见》出台,出版体制改革工作全面展开,并按照区别对待、分类指导、循序渐进、逐步推开的原则,在出版全行业不断深化。改革不仅有路线图,更有时间表,始终有条不紊,稳扎稳打,取得一系列突破性成果。例如,国有经营性出版单位相继有序实现转企改制;又如,出版行业突破障碍开展跨地区、跨部门、跨行业并购重组,经此催生的大型出版集团和企业开始尝试上市融资,运用资本的力量不断提升市场地位……2009年,新闻出版总署《关于进一步推进新闻出版体制改革的指导意见》出台,增强了改革的攻坚力度,使改革总体上保持着积极稳妥、有效有序的态势。行至2011年"十二五"开局之时,全国581家图书出版单位除四家公益性出版社和部队出版单位外,地方、高校和各部委出版社基本完成转企改制任务,正式成为市场主体,走出与市场接轨的关键一步。到2012年十八大召开之际,原定十八大前完成的改革目标基本如期完成。

2002年至2012年间的改革成果丰硕,为中国出版业开拓了全新的局面。首先,改制帮助出版企业确立了市场主体地位,经营活力得以激发,出版生产力得到释放,全行业发展动力强劲,产业规模不断扩大。统计表明,2012年新闻出版业总产出达1.6万亿元,而作为改革试点起始年的2003年这一数据仅为3000亿元,改革十年,产值提高了5.33倍。其次,改制推动了出版业的市场化进程,市场逐步成为配置出版资源的主要手段,出版业跨区域、跨媒体的资源整合不断深化,战略性重组所培育的大型出版传媒集团产业地位突出,竞争力越来越强。2011年年底前,全国已组建出版集团33家,其中不乏江苏凤凰出版传媒集团这样的百亿级产业航母。再次,改制使中国出版业探索资本化运营的勇气和信心不断增强,驾驭资本力量的手法也越来越娴熟。这一过程中,资本无孔不入地渗透到出版业各个角落,提升着中国出版业的活力。无论是上市融资,还是战略重组,资本越来越成为中国出版业得心应手的武器。而最后,最能激发中国出版人激情的是,改制使中国出版业开始放眼世界,坚定地迈步"走出去"。国际化是中国出版业未来发展战略的重要一环,是提升中国文化软实力的重要方向,事实上,这也是改革后产业强大带来的必然结果。

2012年是出版体制改革的一个分水岭。虽然中央确定的十八大前的改革任务至2012年年底业已完成,但改革并没有就此停步。党的十八大报告就文化领域发展提出了"促进文化和科技融合,发展新型文化业态,提高文化产业规模化、集约化、专业化水平"的新要求,中国出版业要实现这种优化升级,必须进一步深化改革,解放出版生产力。2002年至2012年仅走完改革的第一阶段,为我们出版业奠定了良好的发展基础,最大程度扫清了"拦路石",但束缚出版生产力的因素依然存在。改革进入"深水区",需要出版人以更大的信念、勇气和魄力破解深层次矛盾与问题。其时,我们抱以最大热情的出版业伴随改革进程也出现了一些不尽如人意之处,引发不少争议甚至非议,需要我们正本清源、继续前行。

所有的矛盾、问题、争议、非议,归结起来在这几个方面。其一,产业发展初期重规模轻质量的做法给我们出版行业带来很多泡沫,如在我相对熟悉的学术出版领域,推出了不少平庸之作乃至垃圾作品,引发整个学术共同体的不安。必须解决发展是追求规模还是追求质量的矛盾,质量优先的发展方式才是可持续的。其二,出版产业的市场竞争力还不够强。由于体制机制等各方面的限制,目前很多出版企业产权改革仍不到位,还没有真正成为市场主体。其三,我们的法律制度环境还不够完善,统一开放、竞争有序、健康繁荣的大市场体系还没有完全建成,致使产业资源配置难以进一步优化,出版业资本运营遭遇瓶颈。而最后也是最重要的是,中国出版在当今世界出版格局中仍"大而不强",我们现在的作品还不能进入具有世界影响力作品的行列,还不能用触及人类文明根本的话题引发世界的共鸣。在看到出版业天翻地覆的变化时,冷静审视这些客观存在的问题,继续拓展前行之路,是我们出版人的使命和义务。我们都有一个共识:改革是发展的根本动力,只有坚持改革,才能有发展;改革难免遇到问题和挑战,也正是改革让各种矛盾和问题愈加凸显,问题的背后往往潜藏着深刻的制度根源,而改革遭遇的问题恰恰只能通过深化改革、继续发展来解决。

改革是一代出版人的事业,只有置身于改革历程中的人,才能体味它所带来的诸般况味,有荣耀有光环,也有误解和遗憾。达成通过改革谋发展共识的"我们",是这十几年出版改革的亲历者,包括新闻出版总署、各出版传媒集团以及出版研究机构有远见的领导们,他们曾是出版改革的推动者,同时,也是深入思索出版的过去、现在和未来的专家和学者。"我们"也有着中坚一代的成员,积极参与了出版改革的进程,并且正在后改革时代,主持和推动着出版产业的优化升级。"我们"还有出版学界培养的大量年富力强、充满创造力的年轻学人。

出版就是这样一个产、学、研息息相关的行业,理论积极指导着行业实践,行业变迁不断修正着我们的理论,形成了有机、良性互动的生态。作为柳斌杰先生的弟子,我很荣幸在先生指引下,主持了中国传媒大学出版社的转企改制,并创立了中国传媒大学编辑出版研究中心,比较全面地参与到2002年至今的出版改革进程中。前者的市场化进程开启于2002年，后者则创立于2004年，十数年来，两者从不同角度见证了中国出版业的凤凰涅槃，自身也因侧身其间得以不断成长和壮大。某种程度上讲，我们的编辑出版研究中心，地处首都、背靠传媒，有效整合了政府、学界和业界的优势资源，已经成为中国出版人才培养和决策参考的一块高地。我们的导师团队，汇聚了近三十位充满改革意识和创新思维的新闻出版界元老、出版传媒集团新锐领导以及出版管理机构、科研院所的专家学者，他们和中心的硕士、博士、博士后一起，形成了学界、业界有效联动的学术和产业共同体。这个共同体，一直以客观辩证的眼光，对中国出版改革进行着系统总结、剖析与反思。

这套出版产业发展研究丛书是中心的阶段性成果，被推荐列为2015年度国家出版基金项目。原中国出版集团总裁，现任韬奋基金会理事长聂震宁先生在推荐语中称：当下的中国出版业机遇和危机共存，要实现从出版大国到出版强国的转变，需要探索具有中国特色的当代出版产业发展路径。"中国出版产业发展研究"项目直面深化出版体制改革、出版产业政策调整、当代出版文化等重大前沿问题，多视角、全方位地为中国出版产业发展提供理论支持和智力支持，具有重要的学术价值与现实价值。原中国新闻出版研究院院长，现任中国编辑学会会长郝振省先生也对丛书给予了积极的评价，认为丛书内容系统、全面，涵盖了出版产业政策、产业转型、投融资、技术创新、国际传播、数字出版、媒介融合、文化自觉、大学出版等热点问题，是一套具有完整意义的出版产业观察丛书；同时，丛书并不止于产业研究，更从文化的角度诠释了中国出版业对人类、对中国、对世界的意义。作为主编，我很欣慰地看到丛书的正式推出，也很感谢两位前辈的支持和推荐。我们中心将陆续推出丛书的第二辑，第三辑……不断跟进、记录并反思中国出版改革以及优化升级的进程，并以更为客观的视角和理性的积淀为此进程源源不断地贡献力量。目前第一辑的作者大多还是中心的博士或博士后,他们都很年轻,普遍缺乏行业的历练,看问题的辩证性还有所欠缺。但他们的优点也很明显,没有桎梏、思维活跃、有跨学科背景、有国际化视野,是我们出版和文化产业研究的新鲜力量。丛书中《当前出版企业转型问题研究》《出版传媒上市公司投融资研究》《中国出版产业政策研究:社会转型与价值观建构》《中国数字出版产业政策研究》等都是对中国出版体制改革的客观观察,其中不乏尖锐的批评;《媒介融合趋势下的出版变迁与转型》《自出版管理问题研究》《中国数字出版内容国际传播研究》《中文人文社会科学学术期刊评价体系研究》等都能在相对开阔、与国际出版市场和评价体系对接的语境中谈论中国问题;《论出版的文化自觉》《大学精神与大学出版:民国时期"学人办刊"研究》则史论结合,从出版本质、出版价值这些更为根本的视角,以史为鉴,对中国出版产业发展的走向提出一己之见。

我很珍视丛书体现出的朝气和活力,我们的出版产业也正需要以这种朝气和活力不断推陈出新,打好深化出版体制改革、融合发展、内容创新的攻坚战;按照十三五的规划,建成文化保护传承体系、文化公共服务体系、文化产业发展体系等"六大"体系。在此过程中,值得关注和深入分析的问题还很多,包括公共服务体系如何建构、融合发展如何真正落实、学术出版机制如何调整、社会化出版现象如何看待、出版传媒法制建设如何推进、资本市场如何突破体制壁垒,等等,"中国出版产业发展研究"丛书后续将陆续推出同人的思考。我期待丛书真正成为一个开放性平台,聚合起更多同行者的力量,为出版行业、为文化产业的发展提供更多的理论和思想动力。我们的出版产业改革一直"在路上",我们的研究和行业观察也会一直"在路上"。

目 录 Contents

绪　论 / 1

第一章　学术期刊评价理论建构 / 21
　　第一节　布拉德福文献离散定律 / 21
　　第二节　加菲尔德文献引用定律 / 26

第二章　学术期刊评价指标讨论 / 29
　　第一节　定量评价指标的构成 / 29
　　第二节　定性评价指标的构成 / 75

第三章　学术期刊评价方法分类 / 79
　　第一节　学术期刊定性评价方法 / 79
　　第二节　学术期刊定量评价方法 / 84
　　第三节　学术期刊定性定量相结合评价方法 / 88

第四章　中文人文社会科学学术期刊评价体系分析 / 95
　　第一节　专业机构研制的期刊评价体系 / 96
　　第二节　政府主管部门建立的期刊评价体系 / 126
　　第三节　行业学会创建的期刊评价体系 / 147

第四节　转摘数据统计机构研发的学术期刊评价体系　/ 151

第五节　电子期刊数据库研制的学术期刊评价体系　/ 160

第五章　学术期刊评价体系对当代中国学术文化生态的影响　/ 165

第一节　受学术期刊评价体系影响的点、链、面　/ 166

第二节　中文学术期刊评价体系的积极作用　/ 174

第三节　中文学术期刊评价体系的消极影响　/ 178

第六章　对于学术期刊评价体系的再认识　/ 183

第一节　学术期刊评价体系存在的必要性　/ 183

第二节　多个学术期刊评价体系并存发展的必要性　/ 189

第三节　学术期刊评价体系的选用和使用　/ 194

参考文献　/ 199

绪 论

一、研究缘起

(一) 研究目的

学术期刊负载着人类社会的思想成果、实践经验和科学精神,是人类社会生活、生产活动的思想库和智能库。学术期刊之所以需要被评价,不只是学术期刊界自身发展和图书馆藏机构选购刊物的需要,更由于学术论文、论文作者以及作者所属的学科、机构、地区的被评价也与学术期刊的评价结果密切相关。

人文社会科学同其他科学一样,是人类在对客观存在的认识和实践过程中形成的理论知识体系,是推动人类历史发展的知识力量,是创造性改变人类生存现状的社会活动的阶段总结。人文社会科学是人文科学和社会科学的总称,有时也被称为哲学社会科学。由于其研究目的、对象、方法、手段等与自然科学的显著不同,人文社会科学的研究成果与一般公认的"科学"标准——如可重复验证性、内在完备性、效果预见性等存在较大差距,除了对研究对象的科学认识之外,往往还包含着研究主体对研究对象的主观价值判断。

人文社会科学与自然科学学术论文评价的差异也延伸到人文社会科学学术期刊与自然科学学术期刊评价的不同。人文社会科学学术期刊评价除了具有与自然科学学术期刊评价的共同目的、特征、方法、手段之外,还具有其自身的政治标准、学术标准、社会影响等价值判断。有鉴于此,对人文社会科学学术期刊评价体系进行相关系统、深入研究,也就具备了学术期刊评价系统共性研究和本身个性研究相结合的较为重要的研究价值。

本书主要研究中文人文社会科学学术期刊评价体系,在讨论学术期刊评价体系共性时,会将自然科学学术期刊与人文社会科学学术期刊整体特征一并讨论,以扩大其现实使用意义;在讨论人文社会科学学术期刊自身评价的有关内容时,则是针对其评价体系的构成,即在评价理论、评价方法、评价指标等方面进行专门研究,以体现本书的研究目的和意义所在。

(二)研究意义

一个相对完善的人文社科学术期刊评价体系可以用来分析学术期刊的学术地位和影响力、为各类图书馆藏机构订购学术期刊提供重要参考目录、帮助研究者选定学术研究的重要文献来源和科研论文成果的投稿方向,以及参与评价个人的学术成果和学术水平、评估科研机构的科研业绩和科研能力、衡量不同地区的科研实力和科研概况、全面考察整个国家的学术生态和科研成果利用状况,直至追踪学术研究中的热点研究领域、判断科学研究的发展态势等。从早期的以刊物主办单位的行政级别来粗略判定学术期刊的学术质量,到为各类图书馆藏机构提供学术期刊订购目录服务的核心期刊评价体系的出现,再到为科研管理服务的学术期刊评价体系的建立,学术期刊评价体系走过了一段曲折的发展历程。时至今日,学术期刊评价体系依然处于不断更新其评价理论、标准、方法、程序、指标的发展进程中。

对学术期刊评价体系的认识和研究,是学术评价中一个非常重要的组成部分。自有学术期刊评价这一命题以来,学术界对此的分歧、争议不断,对此开展的相关学术研究也一直保持着较高的热度。这一方面说明了学术期刊评价是一个关乎学科发展、学术进步的重大研究课题，在各个环节都存在很多值得讨论的问题，很难获得一个公认的最佳方案；另一方面也说明了正是由于学术期刊评价存在着较多不确定性，促使很多研究者投入时间和精力开展研究，不断促进学术期刊评价体系的发展和进步。

就中文人文社科学术期刊评价体系而言，目前主要有北京地区高等院校期刊工作研究会和北京大学图书馆的《中文核心期刊要目总览》、南京大学中国社会科学研究评价中心的《中文社会科学引文索引》(CSSCI)、中国社会科学院文献信息中心的《中国人文社会科学核心期刊要览》(CASS)等专业机构研制的期刊评价体系，原新闻出版署的《社会科学期刊质量标准及质量评估办法(试行)》、原新闻出版总署的《全国报纸期刊出版质量综合评估指标体系(试行)》、教育部的《"高校哲学社会科学名刊工程"评审标准》等政府主管部门制定的期刊评价体系，全国高等学校文科学报研究会《中国人文社科学报核心期刊概览》等行业学会创建的学术期刊评价体系，中南财经政法大学图书馆的年度"学术期刊被转载、摘录量排行榜"、中国人民大学书报资料中心的年度"复印报刊资料"转载学术论文指数排名和《"复印报刊资料"重要转载来源期刊》等转摘数据统计机构研发的学术期刊评价体系，中国知网的《中国学术期刊影响因子年报》、万方数据的《中国科技期刊引证报告》等电子期刊数据库的学术期刊评价体系以及其他学术期刊主管部门的评奖、评优体系等。

有如此众多的评价体系出现和各自的普遍良好发展，说明在实际工作中存在着在不同评价目的和实施原则指导下的评价体系的各种现实需要。一方面，评价目的的差异导致各评价体系的评价标准的不同和评价方法的相应选择；另一方面，社会各界对学术期刊评价的期望并没有因为有了如此众多的评价体系而满意，反而对此提出很多疑问和责难：有必要存在如此多的评价体系吗？这么多的评价体系为什么没有一家是让人心服口服的呢？这些评价体系之间到底有什么本质区别？各个评价体系的具体构成因素有哪些？选取评价指标的依据是什么？这些问题经常出现在不同场合的学术讨论中,本书就是基于这些问题开展相关研究,并尝试寻找以上问题的答案,这就是本书的研究意义所在。

二、研究综述

(一)学术界对学术期刊评价的几种主流观点

在中国,对学术期刊的评价始于上世纪80年代,开始对学术期刊进行评价并不是出于学术研究的目的,而是源于节约期刊订阅经费的考虑,目的主要是向各类图书馆提供采购目录参考。令人意想不到的是,学术期刊的评价结果一出现就立即被广泛使用,作用力不断向学术界扩展。由此也引发了学术界对此的争议和广泛讨论,目前针对学术期刊评价体系在宏观层面的认识主要有以下几种观点:

1.认为学术期刊评价体系的建立具有简化标准、提高效率、可计量可比较、便于预期、易于控制等优点,是适应知识经济时代和国家科教兴国发展战略,促进高质量的知识传承、理论创新、科技创新,以硬性标准推动学术进步,一定意义上促进了学术繁荣。

2.不合理的学术期刊评价体系存在着激励短期行为、鼓励单打独斗、助长本位主义、强化长官意识、滋生学术掮客、扼杀学者个性、推动全民学术、诱发资源外流、误识良莠人才等弊端。有鉴于此,应考虑取消学术期刊评价体系。

3.学术期刊评价体系的多头开展和核心期刊在使用上的泛化,是学术上的"血统论""出身论",干扰了学术期刊界的正常出版秩序,造成同类期刊之间稿件资源分布的严重失衡和学术期刊评比的不公正,甚至导致了学术腐败的产生。学术期刊评价体系本身的研究目的、遴选方法的不科学与数据公布的滞后性,以及学术期刊评价与所刊发论文学术质量的不一致,说明现有学术期刊评价体系根本无法及时准确把握学术期刊的现实发展状况,学术期刊评价体系不应被赋予超出其本身所能的功用。

4.鉴于学术期刊评价体系对于学者、学术、学术机构的重要性,以及其关系到广大专业技术人员的切身利益和科研事业的健康发展,因此建立客观公正、科学合理的评价标准势在必行。同时综合考虑刊物的学术水平、学术影响、经济效益和社会效益,以及其他在已有评价系统中欠缺的参评因素,用科学数理统计方法重新建立一套规范的、有权威性的评价系统。

5.反思对人文社会科学学术期刊评价认识不足、研究不够的问题,认为人文社科期刊与自然科学期刊有很大的不同,不能完全量化复杂的人文社会现象和学术领域。人文社会科学核心期刊的划分标准和核心期刊的设置应有其特殊性,对此应该回归到专家定性评价,抛弃所谓的定量评价指标。

(二)主要学术著作

1.美国文献学家尤金·加菲尔德著,侯汉清、陆宝树、马张华译《引文索引法的理论及应用》(北京图书馆出版社,2004年8月出版)一书,是第一部系统介绍科学文献多学科引文索引的历史、方法和含义的著作,为科学发展做出了特殊贡献。该书的研究布局分为"引文索引法的概念""引文索引法的历史""引文索引的设计和生产""引文索引法在专利文献中的应用""作为检索工具的引文索引""引文分析作为科学管理的工具""引文分析作为科学史的研究方法""引文分析用于科学结构的图示""科学期刊的引文索引""有关科学家的引文索引""引文索引法的未来"等方面。该书最直接的指导意义在于可以帮助读者了解引文索引的概念和作用,描述引文索引作为促进科学活动的大型书目工具的使用方法。尤金·加菲尔德在书中论述了引文索引法、引文分析方法以及由此建立的文献检索途径,探讨科学中的认识层面与社会层面的相互关系。该书对于学术期刊评价研究的重要意义就如同其在文献计量学中的地位一样,是必读的经典之作。

2.钱荣贵的《核心期刊与期刊评价》(中国传媒大学出版社,2006年4月出版),是一部对核心期刊进行专门研究的著作。该书的研究布局分为"解读篇"的"国外'核心期刊'的理论源流""国内'核心期刊'研究三十年""目前国内'核心期刊'遴选体系评介","批判篇"的"核心期刊·优秀期刊·论文评价""'核心期刊'的负面效应成因及消除""走向终结的'核心期刊'现象","重构篇"的"'核心期刊'遴选体系整合构想""我国学术期刊综合评价体系的初步构建""我国学术期刊的问题与出路""高校学报应走专题化之路""出版界应构筑学术反腐机制"等。该书对国内的"核心期刊"研究做了阶段性总结,评介了几种主要学术期刊遴选体系,批判了"核心期刊"带来的负面效应,并提出将现有学术期刊评价体系整合,保留一家的重构遴选体系设想。

3.刘大椿等著的《人文社会科学研究成果评价体系研究》(经济科学出版社,2009年9月出版)一书,其第一篇"人文社会科学研究成果评价问题的理论分析"中的"人文社会科学的定位和特质""人文社会科学的基本问题与评价""人文社会科学研究成果评价的理论与方法""当前人文社会科学研究成果评价的基本问题""人文社会科学研究成果评价之局限与管理创新""人文社会科学研究成果评价问题的制度分析""人文社会科学研究成果评价问题的理论审思"等章节,对于笔者了解人文社会科学与自然科学的研究成果的不同以及相关科研管理机构采用的评价理论、制度、方法、内容大有帮助;第二篇的"人文社会科学研究成果评价体系的实践考量"中的"评价指标体系的构建""评价程序的运用"等内容和人文社会科学研究竞争力评价案例,对于本书中关于学术期刊评价体系的研究具有宏观上的指导作用。

4.袁军鹏编著的《科学计量学高级教程》(科学技术文献出版社,2010年3月出版)一书,系统介绍了科学计量学、科技文献统计学、科技统计与指标、科技文献的分布规律、引文分析、科学计量学研究进展、科学计量学与科技评价等方面的内容,其中关于科技统计指标、科技文献分布规律、引文分析、科学计量学研究进展方面的归纳对于笔者深化评价指标及其理论支撑的认识有很大的帮助。

5.邱均平、文庭孝等著的《评价学理论·方法·实践》(科学技术出版社,2010年5月出版)一书,其内容框架包括"理论篇"的"科学评价概述"

"评价学的理论基础""评价学的学科构建""评价学的理论体系","方法篇"的"评价学方法论""广义的评价方法""评价学的定性方法""评价学的定量方法""评价学的综合方法","实践篇"的"国家竞争力评价""大学评价""科研机构评价""企业竞争力评价""学术期刊评价""人文社会科学研究成果评价"等。其中,"方法篇"中的部分评价方法研究、"实践篇"中的"学术期刊评价"部分内容对于本书的学术期刊评价体系研究有很大助益。

6.冯春明、郑松涛著的《中文核心期刊评价研究》(河北科学技术出版社,2010年12月出版),是目前研究中文核心期刊专著中较为全面的论著。该书的研究布局分为"核心期刊评价理论溯源""核心期刊评价方法分析""学术期刊评价的特点""学术期刊评价现状及应注意的问题""学术期刊评价标准分析""社会科学与自然科学学术期刊评价的比较""学术期刊评价存在的问题及解决办法""社会科学期刊质量标准及评估方法""科技期刊质量评估标准""国内主要核心期刊评价机构最新研究报告"十个方面。该书针对学术期刊评价的特点和存在的问题开展了相关研究,为后续研究提供了研究范本和资料性文献。

7.邱均平、谭春辉、任全娥等著的《人文社会科学评价理论与实践》(下册)(武汉大学出版社,2012年1月出版)一书,其第三编"人文社会科学评价的实证与应用"中的"H指数用于人文社会科学评价的探索""我国学术期刊国际影响力的评价实践"对于本论文相关评价方法、评价指标的研究有所裨益。

(三)主要参考工具书

1.《中文核心期刊要目总览》系列

由庄守经主编的《中文核心期刊要目总览(1992年版)》(北京大学出版社,1992年9月出版),由林被甸、张其苏主编的《中文核心期刊要目总览(1996年版)》(北京大学出版社,1996年8月出版),由戴龙基、张其苏、蔡蓉华主编的《中文核心期刊要目总览(2000年版)》(北京大学出版社,2000年6月出版),由戴龙基、蔡蓉华主编的《中文核心期刊要目总览(2004年版)》(北京大学出版社,2004年7月出版),由朱强、戴龙基、蔡蓉华主编的《中文核心期刊要目总览(2008年版)》(北京大学出版社,2008年12月出版),由朱强、蔡蓉华、何峻主编的《中文核心期刊要目总览(2011年版)》(北京大学出版社,2011年12月出版)是"中文核心期刊要目总览"评价体系的历年研制成果,其主要内容(以2011版为例)由"研究报告"(1992版、1996版称为"前言")"编辑说明""核心期刊表""核心期刊简介""附录一:专业期刊一览表""附录二:检索性期刊一览表""附录三:国内版外文期刊一览表""附录四:部分有国家统一书号的连续出版物一览表""附录五:各版核心期刊索引""附录六:刊名索引"等部分组成。对于学术期刊评价使用者来讲,核心期刊表是最重要的;对于学术期刊评价研究者来说,研究报告部分最有参考意义。研究报告从研究历史和研究目的、研究概况、方法、特点,评价结果分析,正确认识核心期刊的影响和作用等方面进行了说明,对于深入了解《中文核心期刊要目总览》的研制过程非常重要。

2.《中国人文社会科学核心期刊要览》系列

由姜晓辉主编的《中国人文社会科学核心期刊要览(2004年版)》(社会科学文献出版社,2004年1月出版)、《中国人文社会科学核心期刊要览(2008年版)》(社会科学文献出版社,2009年2月出版)和《中国人文社会科学核心期刊要览(2013年版)》(社会科学文献出版社,2014年3月出版)是"中国人文社会科学核心期刊要览"评价体系的历年研制成果,其主要内容(以2013版为例)由编辑说明、研制报告、核心期刊表、核心期刊分学科研制报告、综合性学术期刊学科引证分布表、核心期刊简介、来源期刊简介、附录、刊名索引等部分组成。其中,研制报告在核心期刊的定义与方法,统计样本的数据来源,测定核心期刊的主要步骤、方法和指标,评选结果分析等方面作了说明,是研究"中国人文社会科学核心期刊要览"评价体系的重要参考依据。

3.《中国人文社科学报核心期刊概览》

龙协涛主编的《中国人文社科学报核心期刊概览》(高等教育出版社,2003年)是"中国人文社科学报核心期刊概览"评价体系的研制成果,该书的前言部分对建立该评价体系的遴选原则、范围、历史作了介绍,对于研究期刊行业社会组织的学术评价体系有参考价值。

4.《中国学术期刊影响因子年报(人文社会科学)》系列

由中国科学文献计量评价研究中心、清华大学图书馆编制的《中国学术期刊影响因子年报(人文社会科学)》第8卷(2010年)、第9卷(2011年)、第10卷(2012年)(中国学术期刊(光盘版)电子杂志社,2010年、2011年、2012年出版),其主要内容由研制说明、各类期刊影响因子列表、各类期刊的其他各类计量指标值列表、各项计量指标对应的可被引文献量与被引频次列表等组成。其研制说明中关于研制目的、《年报》机构特点、影响因子指标体系、各类计量指标、可被引文献量与被引频次统计、引文统计源等的说明,是本书研究《中国学术期刊影响因子年报》的重要参考依据。

5.《中国科技期刊引证报告》系列

由北京万方数据股份有限公司编制的2010年版、2011年版、2012年版、2013年版《中国科技期刊引证报告》(扩刊版)(科学技术文献出版社,2010年、2011年、2012年、2013年出版),其主要内容由编制说明、使用说明、期刊学科分类表、名词解释、年度中国科技期刊被引指标按类刊名字顺索引、年度中国科技期刊来源指标按类刊名字顺索引、中国期刊名称类目索引等组成。其编制说明中关于总体设计、期刊评价指标的选择、期刊的学科分类、各类指标的编排等的说明,是本书研究《中国科技期刊引证报告》的重要参考依据。

(四) 主要学术论文

1. 关于评价理论

范铮的《原始的布拉德福定律》(《图书情报工作》,1989 年第 1 期)作为介绍布拉德福文献离散定律原始统计数据与图表曲线的早期文献,对于了解定律的原始面貌很有帮助。王宏鑫的《Bradford 分布理论研究的发展》(《情报杂志》,2003 年第 7 期),何荣利、黄振文的《关于布拉德福定律中的两个问题》(《中国科技期刊研究》,2009 年第 6 期),易祖民的《对布拉德福定律合理性的思考》(《农业图书情报学刊》,2011 年第 1 期)是对布拉德福文献离散定律的较深入的研究成果。缪其浩的《加菲尔德和引文索引》(《情报科学》,1981 年第 1 期)、楠湖的《布拉德福定律和加菲尔德定律的比较——浅议科技期刊管理和流通工作的发展》(《图书馆工作与研究》,1985 年第 4 期)为研究加菲尔德文献引用定律提供了参考。

2. 关于评价指标

林蓉辉的《引文分析质疑》(《情报科学》1991 年第 12 期)是较早的一篇有关引文分析的论文。该文在引文数量、引用动机、引文误差等方面分析了引文本身的不确定性,对引文分析结果的局限性、引文分析在前沿学科和边缘学科的实效性作了讨论,之后关于此类论题的很多研究都引用了该论文。苏广利、许新军的《社科论著参考文献引用中的七种不良行为》(《图书馆工作与研究》2002 年第 2 期)是研究不当引用的较为全面的论文,该文将不当引用的心理动机分为挟名自重、狐假虎威、王婆卖瓜、自我吹嘘、做贼心虚、引而不标、投机取巧、耍滑偷懒、转移视线、浑水摸鱼、虚张声势、装点门面、溜须拍马、曲意逢迎七种类型。向志柱的《论文影响、转载排名与学术期刊评价》(《中国高等教育》2005 年第 5 期)讨论了转摘和被引对学术期刊评价的关系、转载排名的负面效应和学术期刊评价体系建设等内容,该论文对转摘量、转摘率的研究很有意义。史庆华的《影响因子评价专业学术期刊的科学性与局限性》(《现代情报》2006年第1期)对影响因子在评价学术期刊质量中的作用、评价学术期刊的科学性和局限性进行了较深入的研究。万锦堃、花平寰、宋媛媛、杜剑、孙秀坤的《H指数及其用于学术期刊评价》(《评价与管理》2006年第3期)讨论了H指数与其他评价指标的关系。白云的《中国人文社会科学期刊被引半衰期分析研究》(《云南师范大学学报·哲学社会科学版》2006年第4期)从被引半衰期的定义、中国人文社科学术期刊被引半衰期概况、各学科学术期刊被引半衰期分析等方面研究了被引半衰期作为评价指标的实际操作意义和特点。金璧辉的《R指数、AR指数:H指数功能扩展的补充指标》(《科学观察》2007年第2期)分析了H指数作为评价指标的主要缺陷,并提出了改良指标。常思敏的《参考文献引用中的学术不端行为分析》(《出版科学》2007年第5期)将文献引用中的学术不端行为分为诱引、匿引、转引、滥引、崇引、曲引六类,并提出了识别和防范文献引用中学术不端行为的办法。富明的《H指数及其意义》(《科学时代》,2009年第1期)探讨了H指数的概念、应用、指数计算及局限性。陶家柳的《"基金论文优先"辩》(《中国科技期刊研究》2010年第2期)提出了基金论文质量不是天然的高、非基金资助论文质量不一定低、人文社科研究对基金的依赖度较低等观点。

3. 关于评价方法

谭石初、刘继宁、牟庆森的《学术类科技论文中非信息成分的编辑识别》(《编辑学报》1998年第2期)从提高"信息密度"角度对非信息成分的表现形式和非信息成分的来源进行了讨论。谷瑞升等的《国家自然科学基金专家评议状况评估初探》(《中国科学基金》2005年第5期)在评估方法的设计和实例分析两方面对国家自然科学基金专家评议状况进行了研究,该论文在研究定性评价的专家遴选方面有一定的价值。李继晓、蔡成瑛的《对各种核心期刊评价方法的分析》(《中国科技期刊研究》2006年第2期)介绍的评价方法对本书的研究有所帮助。江虎军等的《影响科学基金项目同行评议质量的因素及改进措施》(《中国科学基金》2006年第6期)讨论了影响同行评议的几个因素和改进同行评议的措施,对于本书讨论定性评价过程有所助益。

4.关于评价体系

邹志仁的《中文社会科学引文索引(CSSCI)之研制、意义与功能》(《南京大学学报(哲学·人文科学·社会科学)》2000年第4期)介绍了CSSCI之缘起、来源期刊的选定、CSSCI的系统功能以及发展前景。叶继元的《中文核心期刊研究之我见》(《学术界》2001年第4期)从研究方法相对稳定、定量与定性评价相结合、评价数据不断丰富、普遍利用计算机进行评价筛选、研究成果多且影响大等方面对中文核心研究现状和进展给予了肯定,同时也对核心期刊研究提出了注重基础问题研究、注重评价方法研究、注重专家评价法研究、注重合作研究等建议。蔡蓉华、史复洋的《〈中文核心期刊要目总览〉研究综述》(《大学图书馆学报》2002年第5期)介绍了《中文核心期刊要目总览》的发展历史,评述了在评价理论、方法等方面取得的研究成果和存在问题,并对以后的研究工作提出了设想。李正元的《构建社科期刊评价体系的理论思考》(《合肥工业大学学报·社会科学版》2004年第1期)提出构建期刊评价体系必须科学确定指标分值、必须对期刊进行科学分类、评价指标的数据必须可靠、务必剔除主观因素的建议。郝勇的《"核心期刊"辨析》(《大学图书情报学刊》2004年第6期)、陈铭的《从核心期刊概念的演变看核心期刊功能的转变》(《图书与情报》2008年第2期)对核心期刊的概念、定义作了厘清。赵静娟等的《中文期刊全文数据库的评价研究——以清华同方和重庆维普为例》(《现代情报》2009年第10期)比较了清华同方和重庆维普的文献数据库评价指标体系、内容分析评价、检索系统及其功能的分析评价、数据库的使用情况、个性化服务的分析评价等内容。张楠的《我国政府部门期刊评价历程及得失分析》(《出版科学》2012年第2期)、朱剑的《量化指标:学术期刊不能承受之轻——评〈全国报纸期刊出版质量综合评估指标体系(试行)》》(《清华大学学报·哲学社会科学版》2013年第1期)对本书研究政府主管部门制定的期刊评价体系大有帮助。

5.关于评价效果

周祥森的《"核心期刊"论对学术期刊编辑工作的严重危害》(《学术界》2001年第4期)认为"核心期刊"严重制约了主编年度选题计划的实施,严重阻碍了编辑人员主体性作用的正常发挥,造成了同类刊物之间稿件资源分布的严重不均衡状态,影响了编辑人员的工作积极性和编辑人员与作者的正常关系,无谓地消耗了学术期刊编辑人员的时间精力,严重影响了学术期刊板块的主题结构和专栏特色的体现。郑小枚的《"核心"的流行与边缘的思考》(《安徽大学学报·哲学社会科学版》2001年第5期)从核心期刊的由来、使用中出现的问题以及对期刊界的影响进行了研究。钱荣贵的《"核心期刊"的负面效应、成因及消除策略》(《学术界》2002年第6期)认为"核心期刊"用于期刊评价、论文评价力不能及,由此带来的负面效应源于学术评价机制、评价体系的不健全,呼唤迅速建立和完善学术评价、期刊评价体系,剥离本不属于"核心期刊"的评价功能。刘斯翰的《"核心期刊"问题之我见》(《出版广角》2002年第12期)认为"核心期刊"对于人文社科期刊界具有正面作用但也有缺陷,负面效应源于人们的功利心。陈国剑的《"核心期刊"与期刊评价刍议》(《中国出版》2006年第1期)指出,期刊评价具有必然性、"核心期刊"评价具有科学性和结果的适用性,应理性对待"核心期刊"及期刊评价。

三、研究范畴

本书追溯了学术期刊评价的理论起源,分类讨论了学术期刊评价指标和评价方法,对当下主要人文社会科学学术期刊评价体系的评价内容、实施过程、评价效果进行梳理和比较,分析学术期刊评价对当下学术文化生态的影响,以此获得对人文社科学术期刊评价较为全面、客观的认识,对人文社科学术期刊评价贡献相关的合理化建议和个人研究所得。由于资料收集原因,本书仅限于对中国内地的中文人文社会科学学术期刊评价的指标、方法、体系、影响的研究,不涉及中国港澳台地区。

(一)研究布局

本书的研究内容主要分为六个部分。

第一章是对学术期刊评价的理论来源的回顾,主要对布拉德福文献离散定律、加菲尔德文献引用定律的具体内容、研究历史、价值意义和应用范围进行介绍。

第二章是对学术期刊评价指标的深入研究,条分缕析地考察了各项评价指标的概念、含义、应用背景、影响因素以及在实际使用中的优缺点。学术期刊评价指标分为定量评价指标和定性评价指标两大类,定量评价指标又分为绝对定量指标和相对定量指标两类。绝对定量指标包括载文量、被索量、被摘量、论文获奖数、被引量、发行量、Web下载量、引用量、作者地区和机构分布数等;相对定量指标包括被摘率、被引率、他引总引比、H指数、被引半衰期、扩散因子、基金论文比、发行量平均增长率、Web下载率、引用率、引用半衰期、引他总引比、国外论文比、平均作者数等。定性评价指标包括政治标准、学术质量、编辑质量、出版质量、社会影响、质量保障水平等。

第三章是对学术期刊评价方法进行梳理和讨论,分为定性评价方法、定量评价方法、定性定量相结合评价方法三部分。定性评价方法包括专家评议法、读者调查法等;定量评价方法包括布拉德福定律测定法、累积百分比测定法、文献百分比测定法、流通利用测定法、摘转统计测定法、引文分析测定法和多指标综合测定法等;定性定量相结合评价方法包括定量指标加权法、调整定量指标排序法等。对定性评价的过程控制和定性、定量评价方法的比较是该章的重点。

第四章是对重要学术期刊评价体系的研制目的、学科设置和评价的指标、过程、内容、效果、影响及不足之处的比较研究。重点研究了《中文核心期刊要目总览》《中国人文社会科学核心期刊要览》《中文社会科学引文索引》(CSSCI)、《社会科学期刊质量标准及质量评估办法(试行)》《全国报纸期刊出版质量综合评估指标体系(试行)》、教育部"高校哲学社会科学名刊工程"、《中国人文社科学报核心期刊概览》、年度"学术期刊被转载、摘录量排行榜"、年度"复印报刊资料"转载学术论文指数排名、《"复印报刊资料"重要转载来源期刊》《中国学术期刊影响因子年报》《中国科技期刊引证报告》等学术期刊评价体系。

第五章讨论了学术期刊评价体系对当代中国学术文化生态的影响。在讨论学术期刊评价体系影响涉及的点、链、面部分,研究了学术期刊评价体系扩展评价功能的出发点、扩展评价功能涉及的具体工作;考察学术期刊评价体系的积极作用方面,具体分为指导读者有效利用学术期刊、提供馆藏学术期刊备选目录、引导学术期刊竞争方向等基本功能和方便科研管理、督促个人学术进步、促进学术繁荣等扩展评价功能;考察学术期刊评价体系的消极影响方面,具体分为对学术期刊自身产生作用的限制办刊自主性、引发学术期刊不当行为和与学术期刊评价体系挂钩导致的影响学术期刊整体被利用效率、助长学术浮躁、滋生学术腐败等负面效应。

第六章是对学术期刊评价体系存在与发展的再认识。学术期刊评价体系基于众多现实需要而存在,尽管在发挥积极作用的同时也产生了负面效应,但依然具有不可替代性。出现多种评价体系是源于在实践中存在着不同评价目的和标准的评价工作,学术期刊也需要多种评价体系的创新、竞争和互相借鉴。应该把评价体系作为我们在具体评估中需要参考的依据,而不应该对其简单迷信。使用方既可以立足自身需求自主选择评价体系,也可以参考评价结果自主建立评价体系,"以刊评文"宜应用于具体使用的初选阶段。

(二) 研究方法

在研究中主要采用了以下研究方法:

1.理论与实践相结合

本研究不仅在理论来源上进行介绍和梳理,还特别对该理论在实践操作层面的使用效果开展深入细致的研究。本研究不拘泥于已有学术观点的限制,从操作层面的方法选用、指标选择上进行考察和理解。

2.专题研究和个案研究相结合

理论框架搭建在多个专门学术课题之上,而专门学术课题的研究又体现在典型个案分析之中。整体研究既需宏观的理论建构的考虑,也要有微观的例证支持。只有对个案研究进行细致地剖析,才能在专题研究中有所突破,最后达到整体理论的科学合理。专题研究主要分布在绝对定量指标与相对定量指标的讨论、定性评价与定量评价的比较、评价因子的比重分布、学术期刊评价对学术发展和学科进步的影响等方面。对专题的研究采用特定学术期刊评价体系的个案研究作支撑,对个案的研究又体现着专题研究结论对其的指导。

3.定量与定性的结合

定性分析主要运用在具体个案的研究中,定量分析主要用在专题研究的大量数据分析中。通过定性分析确定个案的性质,通过定量分析找到其中精确的数量界限并加以分析,使定性分析更为准确、定量统计更有意义。

4.访谈有经验的期刊研究专家

在采用文献著述开展研究的同时,通过访谈有经验的期刊研究专家和期刊评价单位的从业人员来加强对研究的理论和实践的认识,目的是更全面系统地展开这一研究,使之更具有现实意义。

四、研究难点和创新之处

(一)研究难点

1.对学术期刊评价体系的研究必须基于对评价指标的深入分析,一是对评价指标进行整理和归类;二是厘清评价指标的设计目的、性质特征和指标来源;三是探究主要评价指标的影响因素、实际使用利弊和相互关系。

2.对人文社会科学学术期刊评价中的定性评价的方法手段、过程控制、评价成效,与定量评价在标准、方式、效果上的比较以及定性与定量评价相结合的评价方法等方面的研究,是本书的一个难点。

3.各评价系统在具体的评价指标选取问题上,存在着研制目标、指向领域、编制理念、关照角度等诸多不同,在研究中需要对各评价体系所选择的评价指标的范围及比重分布、计量方式方法、适用使用领域、实际影响广度进行深入探究和对比分析。

4.学术期刊评价系统的广泛使用,影响到了学术文化的诸多方面,关于其对学科、学术、学界的影响,也存在着广泛争论。对其影响的积极方面和消极方面开展研究是本书的难点之一。

5.社会各界对学术期刊评价现状存在着很多诘问,这些诘问中有些是针对目前学术期刊评价体系的建构,有些是责问科研管理机构对学术期刊评价体系的使用;有些的确是由目前学术期刊评价体系的不足带来的,有些也是学术期刊评价体系本身无法解决的。回答这些诘问是本书的另一个难点。

(二) 创新之处

1.对评价指标的研究。(1)对评价指标进行了属性分类。如定性指标和定量指标、绝对定量指标和相对定量指标的划分。(2)对重要评价指标的概念鉴别。如对他引率、他引总引比、引他总引比等指标的概念解释和定义确定。(3)对重要评价指标的影响因素的分析。如分析了被摘转量受到刊发论文的学术水平、与文摘刊物选文倾向的契合度、是否符合文摘编辑的期待视野等因素的影响。(4)对评价指标的实际使用价值的研究。如认为发行量虽然理论上可以用来评价学术期刊的影响力,但在实际应用上,由于发行量统计数据的真实性难以保证,发行量不能等同于阅读量;学术期刊发行量整体偏少,削弱了比较的意义;众多学术期刊的读者群并不统一,新媒体阅读方式强烈冲击了发行量对学术期刊的评价指标意义等,导致其前提使用条件并不具备。(5)对重点评价指标的优缺点的探究。如 H 指数的长处有兼顾质量和数量测度、计算简便,不足之处有灵敏度低、区分度差、不适用不同学科背景学术期刊的比较等。(6)对导致某些学术期刊的个别评价指标数值偏高的产生机制进行分析。如某些学术期刊自引总引比、自引率较高的原因主要有相关学科较封闭、人为提倡自引、被评价期刊学术水平较低等原因。(7)对学术期刊评价指标之间的关系也提出了自己的观点。如对载文量与学术质量评价指标的关系的讨论。(8)指出了提高某些具体评价指标数值的方法。如刊发少量大篇幅论文会明显提高学术刊物的被引率。这一推断在实际应用中也得到了验证,是学术期刊迅速提高被引率指标的捷径。

2.对学术期刊的定性评价过程以及与定量评价的效果对比分析。(1)学术期刊的定性评价毕竟是刊物学术质量在认识上的投射,在本质上优于定量评价学术期刊带来的"错位"效果,但定性评价过程存在着选择评审人、指标、标准、方式、方法等环节的不确定性,受到评审程序的设置水平、评审人员的学术水平和主观倾向、评审管理者的责任心和组织能力等影响因素的制约,在实际操作中较难达到预期效果。(2)定量评价效果的"错位"是可控的,而定性评价效果的"不确定性"是不可控的。目前对学术期刊进行的定性定量相结合评价,并没有完全消除定性和定量评价原有的缺点。如何对学术期刊实施科学有效的评价,还有待于我们在评价机制研究上的继续探索。

3.从研制目的、学科设置、评价指标、筛选方法等方面分析和比较了专业机构、政府主管部门、行业学会、转摘数据统计机构、电子期刊数据库等研制的学术期刊评价体系。

4.从宏观层面研究学术期刊评价带来的积极影响和负面效应,从中分析出哪些是学术期刊评价体系自身产生的,哪些是由于与学术期刊评价挂钩导致的。并具体研究其方便科研管理、督促个人学术进步、促进学术繁荣的原因,限制办刊自主性、引发学术期刊不当行为的发生机制和影响学术期刊整体被利用效率、助长学术浮躁、滋生学术腐败的成因。

五、主要研究结论

1.对世界万物进行评价是人类社会生活的基本心理状态,也是社会生活中不可或缺的主要组成部分。客观地讲,学术期刊评价体系的出现是应运而生、应需而生的。它不仅有继续存在的必要,而且也需要在社会各界支持理解下继续发展。尽管学术期刊评价体系在发挥积极作用的同时也产生了负面效应,但学术期刊评价体系依然有其不可替代性。

2.尽管学术期刊评价体系的编制方为了评价结果尽可能的公平、公正付出了许多精力、财力和时间,但从定量评价指标的"错位"和定性评价的"不确定性"等来分析,都说明这样一个结论:不可能存在一个绝对科学、绝对权威的学术期刊评价体系。从学术期刊评价体系各自不同的编制初衷、服务对象、遴选方法、选用指标来看,其最终结果彼此存有差异是可以接受的。多个学术期刊评价体系并存对于促进评价体系的整体进步、使用单位的各取所需是非常必要的,应该本着"百花齐放、百家争鸣"的态度来看待这件事情。若把它们整编为一个学术期刊评价体系或者仅保留一家、打压其余,都无法满足在各类使用需要中的多向要求。

3.被各主要学术期刊评价体系选用的各项评价指标受到多种影响因素制约,在生成机制方面各有局限,应用于评价实践时也存在着各自的优势和不足之处,需要在具体应用时考量其使用价值的大小。一些评价指标之间存在相关关系,结合使用时应考虑指标的叠加或消减作用。还有一些评价指标数值存在迅速提高的方法和捷径。

4.各主要学术期刊评价体系的评价方法、遴选方式、评价过程控制等方面存在制度设计层面的优缺点,需要在进一步的改良评价方法、改进遴选方式工作中进行优化。

5.仅依靠某一家学术期刊评价体系的现成评价结果来简单判断某家期刊、某一篇文章或某个人的学术水平都是不值得提倡的。应该把评价体系的结果作为我们在具体评估中的参考依据,而不应该简单迷信。学术期刊评价体系的使用方应该立足于自身需求,审度评价体系的适用性、实用性、方便性、可操作性等因素,自主选择其中一种或综合使用多种,并适当加入其他方面的定性或定量评价来开展适合自身需求的学术评价工作。

第一章　学术期刊评价理论的建构

学术期刊评价指标的设计、评价体系的建立，无不以评价理论作为基本依据，评价理论为相关评价工作的开展提供了强大的理论支撑。众多研究者围绕学术评价、期刊评价提出了许多相关研究理论，由于篇幅所限，本书只介绍其中最重要的布拉德福文献离散定律和加菲尔德文献引用定律。

第一节　布拉德福文献离散定律

某学科的学术论文会在本学科的专业学术期刊发表，也会在其他学科的学术期刊上出现，交叉学科的学术论文更是如此，这就是文献的离散现象。文献之所以会离散，是因为任何一个学科都不是完全孤立的，学科之间存在着普遍、必然的联系。英国著名文献学家S.C.布拉德福（Samuel Clement Bradford，1878—1948）在研究文献离散现象时发现，就某一特定学科或某一研究专题来观察，从每家刊物刊载此类论文的数量来看，与该学科或研究专题联系较紧密的一些学科的专业期刊刊载的相关学术论文较多，而与其联系较松散的一些其他专业期刊刊载的较少，每家刊物刊载相关论文的多少取决于该刊物所属学科与特定学科或研究专题的关系远近。从刊发此类论文的学术刊物数量来讲,与该学科或研究专题关系密切的刊物数量较少,而与其关系较远的刊物数量较大。这些学术刊物与该学科或研究专题关系的远近程度可以通过该刊物对相关论文的刊载量来衡量,由此可以划分出表明远近关系的几个区域。关系较近的区域划入的学术期刊数量虽少,但其中的每家刊物对于该学科或研究专题的论文刊载量较多;关系较远的区域划入的学术期刊数量虽多,但其中的每家刊物对于该学科或研究专题的论文刊载量较少。

为了验证这一设想,布拉德福选取了"应用地球物理学"学科(调查范围为1928年—1931年)和"润滑"研究专题(调查范围为1931年—1933年6月)作为研究对象,组织人员进行样本统计,共统计期刊490种,论文1 727篇,统计结果如表1.1:

表1.1 "地球物理学"学科(1928—1931)统计表

A(刊载论文量相同的期刊数)	B(A刊载论文数)	C(A的累积和)	D(A×B的累积和)	E(C的常用对数)
1	93	1	93	0
1	86	2	179	0.301
1	56	3	235	0.477
1	48	4	283	0.602
1	46	5	329	0.699
1	35	6	364	0.778
1	28	7	392	0.845
1	20	8	412	0.903
1	17	9	429	0.954
4	16	13	493	1.114
1	15	14	508	1.146
5	14	19	578	1.279
1	12	20	590	1.301

续表

A(刊载论文量相同的期刊数)	B(A 刊载论文数)	C(A 的累积和)	D(A×B 的累积和)	E(C 的常用对数)
2	11	22	612	1.342
5	10	27	662	1.431
3	9	30	689	1.477
8	8	38	753	1.580
7	7	45	802	1.653
11	6	56	868	1.748
12	5	68	928	1.833
17	4	85	996	1.929
23	3	108	1 065	2.033
49	2	157	1 163	2.196
169	1	326	1 332	2.153

来源：Bradford S.C., Sources of Information on Specific Subject, *Engineering*, 1934.1.26, pp.85-86.

如表 1.1 中第 15 行所示，刊载该学科 10 篇论文的学术期刊有 5 种，期刊数的累积和为 22(第 14 行的期刊数累计和)+5(本行期刊数)=27，A×B 的累积和=5(本行期刊数)×10(该行期刊均刊载论文数)+612(第 14 行 A×B 的累积和)=662，lg27≈1.431。

表 1.2 "润滑"研究专题(1931—1933.6)统计表

A(刊载论文量相同的期刊数)	B(A 刊载论文数)	C(A 的累积和)	D(A×B 的累积和)	E(C 的常用对数)
1	22	1	22	0
1	18	2	40	0.301
1	15	3	55	0.477
2	13	5	81	0.699
2	10	7	101	0.845
1	9	8	110	0.903
3	8	11	134	1.041
3	7	14	155	1.146

续表

A(刊载论文量相同的期刊数)	B(A 刊载论文数)	C(A 的累积和)	D(A×B 的累积和)	E(C 的常用对数)
1	6	15	161	1.176
7	5	22	196	1.342
2	4	24	204	1.380
13	3	37	243	1.568
25	2	62	293	1.792
102	1	164	395	2.215

来源：Bradford S.C., Sources of Information on Specific Subject, *Engineering*, 1934.1.26, pp.85-86.

如表 1.2 中倒数第二行所示，刊载该研究专题 25 篇论文数的学术期刊有 2 种，期刊数的累积和为 37（第 12 行的期刊数累计和）+25（本行期刊数）= 62，A×B 的累积和 = 25（本行期刊数）×2（该行期刊均刊载论文数）+243（第 12 行 A×B 的累积和）= 293，lg62≈1.792。

按照表 1.1 或表 1.2 的数据，取期刊累积数的对数（lg n）为横坐标，以相应的论文累积数 R(n) 为纵坐标进行图像描述，可以绘制出图 1.1，图中的曲线被称为布拉德福文献离散曲线①。布拉德福认为，曲线的起始弯曲部分，对应着核心期刊区。

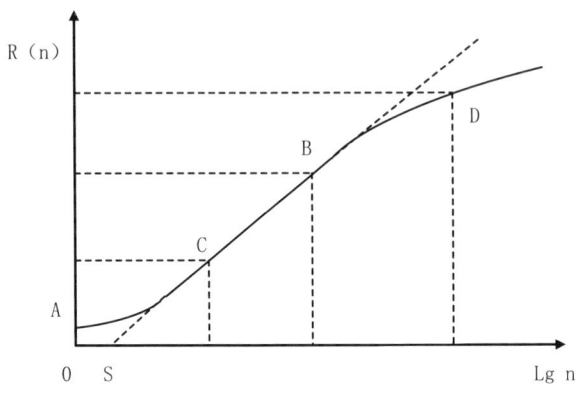

图 1.1 布拉德福文献离散曲线

① 何荣利、黄振文：《关于布拉德福定律中的两个问题》，《中国科技期刊研究》2009 年第 6 期。

调查结果不仅验证了布拉德福的设想,而且据此结果进行计算可以把刊载期刊群划分为几个相继区域,这些相继区域刊载的该学科或研究专题的论文刊载量大体相等,且期刊数呈 $1:n:n^2\cdots$ 的关系(n 是常数,各学科具体数值有差异)[1]。布拉德福依据这一研究成果撰写的论文《专门学科的情报源》(*Sources of Information on Specific Subject*)发表在 1934 年 1 月 26 日的《工程》(*Engineering*)杂志上。

这篇论文的发表是期刊评价研究历史上一件具有里程碑意义的大事,但由于布拉德福希望引起科技工作者对此项工作的注意,没有将其发表在图书情报学方面的刊物上,因此在当时学界并没有给予关注[2]。就在布拉德福去世那一年,他的专著《文献工作》(*Documentation*)面世,论文《专门学科的情报源》在该书中被改写为其中的一章"文献的紊乱"(*Documentary Chaos*),受到了英国文献学家 B.C.维克利(B.C.Vickery)的高度评价并开展相关研究,维克利将这一规律命名为"布拉德福文献离散定律"(Bradford's Law of Scattering),中文译名称为"布拉德福文献分布定律"。布拉德福文献离散定律可以用文字表述为:"如果将科学期刊按其登载某个学科的论文数量的大小以渐减顺序排列,那么可以把期刊分为专门面向这个学科的核心区和包含着与核心区同等数量论文的几个区。这时,核心区与相继各区的期刊数量成 $1:n:n^2\cdots$ 的关系。"

正是维克利的充分肯定和后续研究,引起了众多相关研究者的重视,开始对其进行深入论述和修正,确立了布拉德福文献离散定律的经典地位。如美国文献学家莱姆库勒(F.F.Leimkuhler)对"布拉德福文献离散定律"的区域描述作了进一步发展,建立了"Leimkuhler 公式";英国文献学家布鲁克斯(B.C.Brookes)发展了"布拉德福文献离散定律"图形分析方法,建立了"Brookes 方程"。

布拉德福从数量范围角度认识到了学术论文在刊发期刊中的分布规

---

[1] Bradford S.C., Sources of Information on Specific Subject, *Engineering*, 1934.1.26, pp.85—86.
[2] 范铮:《原始的布拉德福定律》,《图书情报工作》1989 年第 1 期。

律,提出了学术期刊存在核心期刊群现象,虽然有经验主义色彩,但直到今天仍旧是筛选核心期刊的重要依据。从这个定律出发,刊载某学科或研究专题的论文的学术期刊可以分为若干个区域。如果简单分为三个区域,即可以分为核心期刊区、相关期刊区和外围期刊区,刊载该学科或研究专题的大量论文的少数期刊组成核心期刊区,刊载中等数量论文的中等数量期刊组成相关期刊区,刊载少量论文的大量期刊组成外围期刊区。

布拉德福文献离散定律是一个经验定律,这一规律为图书情报工作者优化馆藏以帮助读者在搜集文献时减少检索中的盲目性,提供了从众多同类学术期刊中选择优先需要的期刊范围,有利于节省图书馆有限的购刊经费,其在学术评价方面的应用有效地提高了相关工作的质量和效率。表面上看,按照布拉德福文献离散定律选择核心期刊只关系到该学科或研究专题论文的发表数量分布,不涉及对期刊和论文来说更为重要的学术质量问题。但从布拉德福文献离散定律的基本产生机制分析,其划分的核心期刊群还是与刊物学术质量有较为重要的联系。一般来说,研究者都希望把自己的学术论文发表在本专业文献最集中刊载的学术期刊上,这类期刊的投稿数量较多,刊发论文的可选择范围也大,必然会对文章的学术质量要求较高。刊载大量学术水平较高的论文当然会增加该期刊的学术影响力和在学界的地位,于是在该学科就会产生出一些"核心"性质的期刊群。而那些没能在核心期刊群发表的论文自然会转投到文献集中度稍低一些的相关学术期刊群。以此类推,就会出现该学科的几个相继学术期刊群区域,也就是某学科或研究专题的文献集中与离散的现象。这种现象正是产生布拉德福文献离散定律的客观基础,也是布拉德福文献离散定律对期刊资源选择和利用产生引导效果的先决应用条件。

第二节 加菲尔德文献引用定律

研究者在研究过程中,一般都会学习和借鉴他人的已有研究成果。当自己的研究成果发表后,也会对别人的科学研究提供参考,这种基本机制推动着科学研究在众多科研工作者之间相互学习、相互促进,在彼此互为阶梯的模式下,不断进步发展。当研究者在撰写科研论文和专著时,也会把自己在研究和撰写过程中参考过的相关文献和科研成果标注出来,为论文观点提供佐证和支撑,以证明其论点的可靠程度,便于他人核对或重复验证,这种标注行为就是引用。引用与被引用关系使得看似孤立成篇、浩如烟海的科技文献之间有了千丝万缕的紧密联系。对文献之间引用与被引用关系的数量特征和分布规律进行的研究,就是引文分析。

虽然很早就有学者关注过文献的引文分析,如 1927 年,美国化学家格罗斯兄弟(P.L.K.Gross & E.M.Gross)基于对化学教育杂志的引文分析,列出了化学教育核心期刊表等[1]。但当时尚处初期的引文分析工作还只是某一领域文献的基本统计工作,在理论上还没有系统总结和提炼。直到 20 世纪 50 年代,众多文献学家开始对此开展进一步研究,而其中研究成果影响最大的要属美国著名情报学家尤金·加菲尔德(Garfield E.,1925 年生人)。加菲尔德起初对引文分析的研究主要集中在作为检索工具的引文索引的设计和生产,之后又延伸到引文分析用于科学管理、科学史研究等方面。加菲尔德在 1971 年统计了 2 000 种学术期刊中的约 100 万篇参考文献,得出约 24%的被引量来自 25 种期刊,50%来自 152 种期刊,75%来自 767 种,其余的被引量散布在数量更大的期刊中的结论[2]。之后他对期刊文献的引文进行了大规模宏观统计分析,同样发现大量被引用文献集中在少数期刊上,而少量被引用文献散布在大量期刊中。加菲尔德文献引用定律在学术期刊评价方面的内容可以表述为:学术期刊按照被引指标数值的分布,同样符合布拉德福文献离散定律所揭示的数量分布规律。也就是说,不仅某学科或某研究专题的学术论文的刊发学术期刊存在核心期刊区、相关期刊区和外围期刊区等若干区域,某学科或某研究专题的学术论文的被引用学术期刊同样如此。

---

[1] P.L.K.Gross,E.M.Gross,College libraries and chemical education.*Science*,1927,66(1713):383-406.
[2] Garfield E.,Citation Analysis as a Tool in Journal Evaluation,*Science*,1972,178,(4060):471-479.

这就是加菲尔德文献引用定律的主要内容。加菲尔德文献引用定律是布拉德福文献离散定律在文献引用方面的具体应用和进一步发展。

1955年,加菲尔德撰写的《引文索引用于科学》一文发表在《科学》杂志,该文的主要内容虽是将引文索引应用于检索科技文献,但已经预见了引文索引可以应用于评价学术期刊。1960年加菲尔德创办了美国科学情报研究所(Institute of Scientific Information,简称ISI),1961年编制了第一部有关遗传学文献的引文索引,1963年编制、出版了《科学引文索引》(Science Citation Index,SCI)单卷本。《科学引文索引》的出版被认为是宣告科学文献计量学成立的标志性成果。之后加菲尔德又证明了布拉德福文献离散定律还适用于社会科学、艺术与人文科学,1973年编制了《社会科学引文索引》(Social Science Citation Index,SSCI),1978年编制了《艺术与人文科学引文索引》(Arts & Humanities Citation Index,A&HCI)。至此,加菲尔德较为齐备地创建了他的引文索引系统和引文分析理论体系。

第二章　学术期刊评价指标讨论

评价指标是评价体系的构建基础,评价体系会按照其研制目的、评价内容、遴选方法的不同,选取不同类型和组合的评价指标。评价实践对评价指标不断提出的新要求,促进了评价指标的不断发展、细分和调整。有些评价指标虽然已经逐渐失去了当初设计时的重要作用和意义,但重新检视这些评价指标,不仅是对整个学术评价指标发展历程的回顾,也是开展新的评价指标研究的必备资料。为了研究方便,我们把学术评价指标按照其定义性质,分为定量指标和定性指标两大类。

第一节　定量评价指标的构成

定量指标是通过数量统计和计算可以精确衡量的评价指标,我们把其中的绝对量数据指标称为绝对定量指标,其中的相对量数据指标称为相对定量指标。

一、绝对定量指标

学术期刊评价指标中的绝对定量指标可以分为五类,第一类是指向学术期刊对于某领域相关论文的刊载数量评价,有载文量、被索量等;第二类是指向学术期刊所刊载论文的学术水平和学术影响评价,有被摘量、论文获奖数、被引量等;第三类是指向学术期刊的流通使用量评价,有发行量、Web下载量等;第四类是指向学术期刊的学术交流程度和吸收外部信息能力的评价,有引用频次、引用期刊数、引用机构数等引用指标系列;第五类是指向学术期刊的开放程度和作者队伍广度的评价,有作者地区分布数、作者机构分布数等作者分布指标系列。此外还有一些其他类型的绝对定量指标,由于目前还没有被投入应用,暂不论及。

(一)载文量

载文量是指被评价的学术期刊当年发表的论文总量。从来源文献统计库的角度来说,载文量也称来源文献量。载文量主要表征学术期刊在论文刊发数量方面的贡献,与期刊学术质量没有必然的联系。载文量作为衡量学术期刊吸收和传递信息能力的主要指标,是各评价体系所采用的基本指标之一,也是计算相关相对定量指标的首要基本数据。

1.载文量与学术贡献量的关系

学术期刊是科学知识的主要传播载体之一,其主要作用是为读者提供所需要的有价值的信息资料。一般来说,一本学术刊物的载文量越多,说明该学术期刊对外部信息资源的吸附能力越强,为读者提供的信息量也会越大。但仅以载文量作为评价期刊的标准还远远不够。信息的有效性还需要加上刊发文献的学术水平来综合考量。为此,我们可以建立一个数学模型来解释某学术期刊载文量、学术水平和学术贡献量的关系:

某学术期刊当年的学术贡献量=该学术期刊的载文量×该学术期刊当年刊发论文的平均学术水平

通过这个数学模型我们可以看出:

(1)假设某学术期刊当年刊发论文的平均学术水平恒定,那么其当年的学术贡献量与载文量成正比关系。在这样的条件下,增加载文量的确可以获得相应的学术贡献量的增加,但载文增加的范围是有限的,因为不可能有无穷尽的同水平的学术论文存在。

(2)假设某学术期刊载文量恒定,那么其当年的学术贡献量与当年刊发论文的平均学术水平成正比关系。大部分学术期刊的载文量还是基本保持在一定的范围内,可以很多年不发生变化,那么其刊发论文的平均学术水平与学术贡献量也就密切相关了。每一篇高出刊物平均学术水平的论文会为刊物的学术贡献量做正向贡献,反之则做负向贡献。

(3)当某学术期刊的载文量和刊发论文的平均学术水平都发生变化时,如果其中一个量的增加或减少,导致学术贡献量也随之增加或减少,说明另一个量的变化不足以抵消前者变化带来的影响。同样,如果其中一个量增加或减少,反而导致学术贡献量随之减少或增加,说明另一个量的变化足以抵消前者变化所带来的影响。当然还有一种特殊情况就是,两个量都发生了变化,但学术贡献量还保持不变,那说明这两个量的变化恰好互相抵消。

2.载文量与学术质量指标的关系

我们还需要讨论一下载文量和即年指标、影响因子等期刊学术质量指标的关系。由于学术刊物的来稿中学术水平有高有低,而且一般都是学术水平较高的论文数量少,学术水平一般或较低的论文数量多,所以载文量的增加或减少一般会连带影响学术质量指标发生相应变化。载文量是一个可以人为控制的变量,当然,由载文量的变化所带来的影响很可能不会立刻显现,应该有一定程度的延滞效应;学术质量指标也不能够完全反映刊物的学术水平。为便于讨论,我们假设载文量的影响没有延滞效应,学术质量指标也完全可以表征刊物的学术水平。这样,基于载文量的变化可能会出现以下几种情况:

(1)学术刊物载文量的增加或减少,基本上没有引起刊物的学术质量指标变化。这种情况其实就是上文讨论学术贡献量模型时的第一种假设类型。如图 2.1 所示,假设甲刊物的选稿标准同以前一样,载文量如果在 A 以内进行调整的话,其学术质量指标可以基本保持不变。如 J 学术期刊载文量 2008 年为 398 篇,2009 年为 483 篇,2010 年为 326 篇;复合即年指标 2009 年为 0.139,2010 年为 0.107;复合影响因子 2010 年为 0.885,2011 年为 0.851[①]。

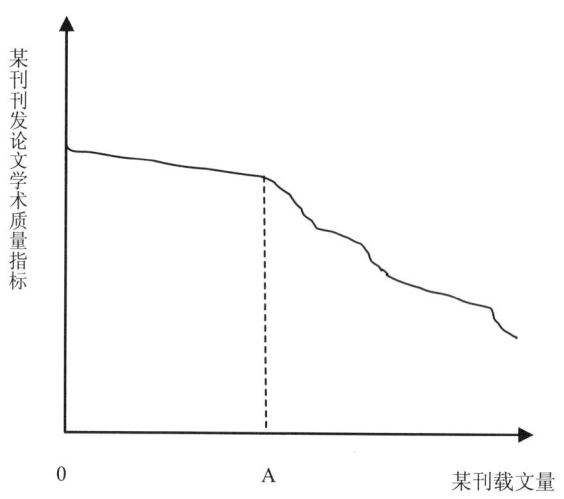

图 2.1　某学术期刊刊发论文学术质量指标与载文量的关系

(2)载文量的增加或减少引起了刊物学术质量指标的增加或减少。这种情况在实际编辑出版中其实很难出现,一般来说,一家学术刊物的来稿质量、学术水平和编辑水平很少会发生突变。如果出现这样的情况,很可能是因为载文量的变化影响了刊物在作者群体里的美誉度和作者的忠诚度、投稿信心等,随之引起了来稿质量的变化;也可能是因为影响到研究者对该学术刊物的关注度,从而导致引文率的变化。比如某学术刊物载文量增加后,吸引了更高层次作者的来稿和研究者对该刊物的关注度,从而也提高了刊

---

① 中国科学文献计量评价研究中心、清华大学图书馆:《中国学术期刊影响因子年报·自然科学与工程技术》2010 年(第 8 卷)、2011 年(第 9 卷)、2012 年(第 10 卷),中国学术期刊(光盘版)电子杂志社 2010 年、2011 年、2012 年。

物的学术指标。如 X 学术期刊载文量 2008 年为 360 篇,2009 年为 396 篇,2010 年为 617 篇;复合即年指标 2009 年为 0.075,2010 年为 0.105;复合影响因子 2010 年为 0.781,2011 年为 0.851[①]。也可能是因为刊物的编辑工作指导思想作出了重大调整,比如刊物由以前的社会效益为主转向了以经济效益为主,只选择刊发那些愿意交版面费的而学术水平低的论文,即使减少了载文量,也会导致学术质量指标的降低。

(3)载文量的增加或减少,带来了学术质量指标的减少或增加。这样的变化较常出现也是很好理解的,如下页图 2.2 中的乙学术刊物载文量的增加必然会带来学术质量指标的减少,图 2.1 的甲学术刊物载文量超出 A 点后,也会有同样的结果。如 T 期刊载文量 2008 年为 992 篇,2009 年为 1099 篇,2010 年为 1320 篇;复合即年指标 2009 年为 0.013,2010 年为 0.008;复合影响因子 2010 年为 0.084,2011 年为 0.070[②]。反过来说,在编辑水平不变的情况下减少载文量常会导致优先刊发本刊物最高水平的来稿,因此影响因子得到显著提升。由于影响因子在各家学术期刊评价体系中占有重要地位,减少载文量实际上已经成为尽快提升刊物影响因子的利器。如 S 期刊载文量 2008 年为 125 篇,2009 年为 110 篇,2010 年为 72 篇;复合即年指标 2009 年为 0.082,2010 年为 0.045;复合影响因子 2010 年为 0.517,2011 年为 0.697[③]。对于采用这种办法来提高影响因子,一方面我们肯定刊物提升学术质量的出发点,但是从另一方面来说,如果只重视影响因子等期刊学术质量指标,忽视载文量,就会陷入"只重质量,不重数量;只看水平,不看规模"的误区。从宏观上讲,这会影响到整体学术研究生态,会有很多本来可以发表也值得发表的学术论文被阻挡在刊发大门之外,也会影响整个学术期刊作为论文发表平台的利用率。

[①][②][③] 中国科学文献计量评价研究中心、清华大学图书馆:《中国学术期刊影响因子年报·人文社会科学》2010 年(第 8 卷)、2011 年(第 9 卷)、2012 年(第 10 卷),中国学术期刊(光盘版)电子杂志社 2010 年、2011 年、2012 年。

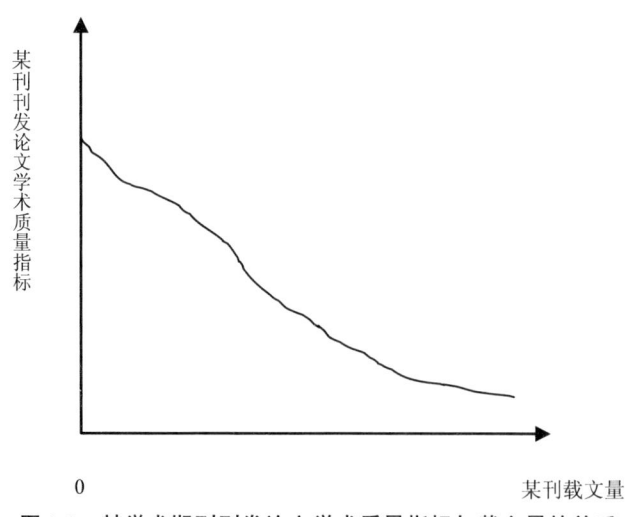

图 2.2　某学术期刊刊发论文学术质量指标与载文量的关系

由上可见,载文量的确定看似简单,但其中包含着很大的学问。当然,在具体的载文量设定中,不仅应该考虑以上所列举的因素,还应该依据主办单位的主观意愿和办刊经费、编辑力量等办刊条件,以及受众接受程度等来综合考量。

3.信息密度和信息量

尽管对于特定学术期刊的载文量与其学术贡献量的关系很难找出一个可以量化的指标来衡量,但人们在这方面还是有过一些尝试的。1994 年 8 月,原国家科委颁布的《五大类科技期刊质量要求及评估标准》中专门列出了"信息密度"一项,计算指标以每个印张所载结构、概念完整的文章数量计算,用"信息量"表示①。出台这个指标的出发点是希望借此提高刊物的刊发效率,也可以理解为提高刊物的学术贡献量,但是以单位纸张刊发的文章篇数作为衡量期刊学术贡献量的前提是,每一篇论文不论字体大小、篇幅长短、图表多少、印刷版式以及所属学科如何,其学术水平都是一样的,这显然

---

① 国家科委科技信息司、中共中央宣传部出版局、新闻出版署期刊管理司:《国家科委颁布的五大类科技期刊质量要求及评估标准的通知》,1994 年 8 月 2 日。

是不合情理的。不仅如此,我们知道,不论"信息密度"还是"信息量"都是抽象概念,可以通过定性分析来比较,但不可能通过定量分析来计量。把这样定义的"信息密度"和"信息量"用作定量评价指标,其实是使用承载信息的文字符号来简单地衡量抽象信息量的做法,即使运用在科普期刊的评价中也是不合适、不科学的。

信息论奠基人香农(C.E.Shannon)认为信源输出的消息是随机的,接受者在接收到消息后,解除了接受者对信源所存在的疑义(不定度),就是在通信中所要传送的信息量[①]。如果我们借用信息论中的"信息量"概念来重新定义学术期刊评价中"信息量",就可以理解为,特定读者从阅读一本学术期刊中获得了多少对其学术研究有帮助的信息,才是这本学术期刊对该读者所贡献的信息量。单位纸张或别的载体承载的信息量就是"信息密度"。也就是说,对于一本学术期刊来说,不仅仅要考虑刊发文章的数量、学术水平,还要考虑本刊物所面向的读者群整体接受水平的高低。同样一本学术刊物,对于适合接受其刊发文章学术水平的读者群来说信息量是大的,而对于学术接受水平高于或低于其刊发文章学术水平的读者群来说信息量却是小的。由此看来,学术贡献量是一个抽象的绝对量,而信息量是一个抽象的相对量。我们并不能认为那些学术贡献量大的学术期刊信息量就一定大,因为信息量的大小要视接受方的接受程度而定。

通过以上讨论,我们可以看出,"信息密度"和"信息量"不能作为学术期刊评价指标中的定量指标来使用,但是用作定性指标还是非常有意义的。我们可以通过特定期刊刊发文章的总体学术水平与其指向的读者群体需求来加以定性考查,也可以对读者群体基本相同的同一类学术刊物就此进行比较分析。

4.提高信息密度的方法

对于特定学术期刊,读者群体基本固定,通过编辑的努力是可以提高其

---

① 李亦农、李梅:《信息论基础教程》,北京邮电大学出版社 2005 年版。

信息贡献量的①,这也是上文讨论过的"信息密度"从学术质量评估指标被调整到编辑质量评估指标的主要原因。

(1) 防止同水平内容重复

学术论文的同水平内容重复发表,是存在于学术期刊界多年的一个痼疾。同样的理论观点,换个案例、换个角度、换个说法就是一篇新论文,其根本原因是现行的学术评价"只重数量、不重质量"。这种做法不仅会影响学术期刊的信息贡献,而且会对其他学术研究者的研究积极性产生消极作用,实际上已经影响了整个学术研究生态。

(2) 汰除冗余信息

汰除冗余信息要与各期刊所面向的读者群体阅读水平相适应,这需要编辑对读者群体有整体的认识和把握。冗余信息包括大篇幅引用已发表文献、用读者熟知的知识作为阐发自己论点的前期铺垫、对论证观点没有太多意义的文字和图表等。标注参考文献就是为了让读者深入了解论点的阐发依据,不应再在文中大段引用来占篇幅;以读者已知知识作铺垫,也许会使文章看起来更有连续性,但在信息量的贡献上没有必要;有些文字和图表看起来好像很有必要,可是去除以后对论点的阐发影响不大,也是可以删去或者简练表达的。

(3) 提高版式编排水平

版式的编排一方面要考虑版面的美观,另一方面也要考虑版面的利用率。有些学术刊物为了美观和体现个性,版面上出现大量留白和文后的空余版面。学术期刊的主要作用是传播学术知识,版面的美观固然重要,但为此牺牲刊物的利用率就有点舍本逐末了,综合考虑两者并以版面利用率为先才是正确的做法。

(4) 精练文字、图表

学术论文的基本要求是言简意赅,当然言简意赅并不代表文字就是枯

---

① 谭石初、刘继宁、牟庆森:《学术类科技论文中非信息成分的编辑识别》,《编辑学报》1998 年第 2 期。

燥无味的,而是指表达不啰唆、行文有条理。同样,文字说明、图形、数据表要互相补充,不需要同一内容重复体现。

(5)适当选择行距、字距和字号

行距、字距和字号的选择首先要考虑读者的阅读习惯,有的刊物为了提高载文量片面缩小行距、字距和字号,虽然版面的利用率提高了,但刊物的利用率却降低了,因为版面的改变影响了刊物的可读性。如果读者群体主要是高龄读者,反而需要增加行距、字距和字号。当然在不影响读者阅读的基础上,版面装载文字越多,刊物的利用率越高,对学术研究的贡献也就越大。

(二)被索量

被索量指学术期刊刊载论文被列入评价体系选定的篇目索引的数量,一定意义上是学术期刊载文量在难以统计的时期的代用指标。如《中文核心期刊要目总览》第一版的"载文量"指标,其实就是以《全国报刊索引》为依据的被索量;第二版将这项数据正式更名为"被索量",仍旧是以《全国报刊索引》为依据;第三版的被索量是以索引类电子出版物为统计依据。篇目索引不是根据论文的学术质量来编制的,一般都是根据论文题目人工判断是否纳入,且由于在源期刊的选择上有一定标准,所以也做不到完全收录。

(三)被摘量

被摘量也被称为被转载量、被转量、文摘量等,是指被评价期刊在统计年度被特定学术文摘刊物转载、摘录的数量。学术文摘刊物转载、摘录各社科期刊中的优秀论文,其目的本来是向读者推荐阅读和方便读者查阅,属于资料汇编性质的二次文献。也正是由于学术文摘刊物的推荐阅读性质,即学术文摘刊物在转载、摘录被评价刊物所刊发论文时主要缘于该论文具有较高的学术价值和较大的学术影响,这在一定程度上也是对论文首发期刊的学术水平的反映,所以刊发文章被摘转也就具有了附属的评价首发学术期刊的功能,被摘量也就成为了评价学术期刊的定量指标之一。被摘量在引文分析法还没有得到普遍应用前,一度是评价学术期刊的重要指标。在国内科研管理与国际接轨,被引量、被引率的评价功能得到普遍接受后,被摘量逐渐转变为评价学术刊物的参考指标。

公认的较重要的人文社科学术文摘刊物有《新华文摘》《中国社会科学文摘》《高等学校文科学术文摘》《人大复印报刊资料》四种刊物,被以上文摘刊物转载、摘录目前依然被学术期刊界认为是刊物学术水平的反映和办刊荣誉之一。

1.被摘量的影响因素

(1)刊发论文的学术水平

不同于被引用是基于该论文为引用者的学术研究所需要,论文被摘转是由于该论文具有较高的学术价值而受到重视。学术价值高的文章并不一定就是最被研究者需要的,也就是说,被摘转的文章的被引用量并不一定就大。当然,对于学术期刊来说,所刊发论文的学术水平高低当然会直接影响到被摘转的可能性大小。

(2)与文摘刊物选文倾向的契合度

每家文摘刊物都有自己的选文倾向,甚至同一文摘刊物的不同栏目的选文倾向也有差异,这源自于文摘刊物特有的读者定位和长期办刊积累而成的办刊风格。有的倾向于当下社会发展中的热点问题,那么与现实性结合较紧密的对策研究类文章就容易被选中;有的偏爱学理性较强的论文,具有方法论意义的文章被摘选的可能性就会较大。

(3)是否符合文摘编辑的期待视野

文摘刊物编辑在以往审读文章时积淀下来的审稿经验以及编辑自身的学术水平、教育背景、个人喜好甚至当时的个人情绪等,都会影响到文摘编辑的期待视野。这种期待视野对文摘编辑的审稿具有规范和制约作用,大致可以分为三方面:对来稿题目、引用资料、逻辑语法、文字修辞等的文体期待,对来稿的学术水平期待,编辑的个性化心理期待。当然文摘编辑的期待视野也在不断变化,会随着个人学识的提高和下次编辑实践经验的补充而有所增减[①]。

2.被摘量用作学术期刊评价指标的不合理之处

学术文摘刊物按照各自的选文目的、标准和选择范围,从众多来源期刊刊发的论文中选择优秀论文进行二次刊发,在一定程度上是对众多首发学术期刊所发表的海量科研成果的精选和浓缩。被学术文摘刊物转载、摘录不仅标示了首发刊物的学术水平,也又一次提高了该刊物和论文的学术扩散度和影响力,学术文摘刊物为此受到学术期刊的重视是可以理解的。但文摘刊物主要是为了方便读者在较短时间了解时下主要的社会科学动态服务的,把文摘刊物的摘选行为用作学术期刊评价,并不是摘选文章的出发点和目的,使用被摘量作为评价指标的确存在着一些比较明显的不合理之处。当初之所以这么做也是无奈之举,学术期刊评价需要一些可用的定量指标作为评估时的参考依据或简便结论。所以在引文分析法还没有广泛应用时,被摘量指标就成了首选。

(1)被摘量作为学术期刊评价指标难以覆盖全部学术期刊

把被摘量用作学术期刊评价指标的基本条件是绝大多数学术期刊有这一指标的数据。可是由于学术期刊出版数量巨大,相比之下文摘刊物群的出版数量少之又少,覆盖全部学术期刊力所不及。被摘选的刊物基本上仅限于办刊质量较高的学术期刊,很大一部分学术水平稍差的期刊并没有被摘转的可能,也就不会有被摘量的数据。从学术期刊整体评价来看,就会存在很大一部分评价盲区。也由于文摘刊物的数量较少,各家学术刊物的文摘数量较小,出现几家学术期刊摘转量相同的几率很大,对于这些期刊,被摘量也难以实施精细化比较。

---

① 赵均:《编辑出版学中的"期待视野"》,《中国出版》2012年3月下期。

（2）文摘刊物群对各学术领域的关注度不均衡

学术文摘刊物主要分为单学科文摘刊物(如《经济学文摘》等)和综合性文摘刊物(如《新华文摘》等)。单学科文摘刊物群主要分布在一些大学科领域，对中小学科没有形成完整系统的学科覆盖面。即使是综合性文摘刊物，在摘发学科的分配比重上，对各学科领域的关注也很不均衡，一般都集中在文、史、哲、经、法等重点学科。每份刊物的容量毕竟有限，单个文摘刊物不可能对所有社会科学和人文科学都关注。文摘刊物群也做不到对所有社会科学和人文学科都关注，更别说关注的程度都差不多。这种关注度的不均衡使不同学科的专业期刊欠缺比较被摘量的基础。

（3）文摘刊物的摘选标准并不完全依据论文学术水平

由于文摘刊物各自的办刊定位有差异，摘选标准除了都要求论文的学术水平较高之外，每家都还有自己不同的选稿考量。有的文摘刊物倾向于转载学术研究前沿的论文；有的文摘倾向于转载和当前政治、经济、文化关系密切的学术论文；有的文摘刊物要考虑各学科发展方向的广泛性，同一选题只选其中一两篇文章；有的文摘刊物要考虑作者的普遍分布，规定对同一作者的成果每年摘发不超过两次；有的文摘刊物还要考虑摘选文章来源对各地区、各机构的覆盖性；还有一些文摘刊物走向市场、企业化经营，那么在论文选取标准里就不可避免地加入了市场利益因素。由于各家文摘刊物的选文取向各有不同，一个直观的证明就是同类文摘刊物摘选文章的重合度很小，如《新华文摘》《中国社会科学文摘》《高等学校文科学术文摘》都是重要的综合性文摘刊物，摘选范围基本一致，但摘选的文章重合度却很低。以某年的文学学科为例，《新华文摘》全文转载61篇，《中国社会科学文摘》全文转载26篇，《高等学校文科学术文摘》全文转载28篇。这其中被三家都转载的0篇，被《新华文摘》和《中国社会科学文摘》都转载的2篇，被《新华文摘》和《高等学校文科学术文摘》都转载的1篇，被《中国社会科学文摘》和

《高等学校文科学术文摘》都转载的 2 篇。①

在学术期刊评价中,某学术期刊的被摘量数值来自于摘选原则各有不同的各家文摘期刊的摘转量被同一对待后的合计。我们当然可以说,各家文摘刊物的摘选原则正好可以取长补短,然后综以观之。这对于满足文摘刊物编选的出发点——把最新最优秀的人文社科成果推荐给读者阅读,是没有问题的。但把这些标准不一的数据同一处理后用作评价学术期刊,其实存在着较大的错位。

(4) 文摘刊物编辑的选文水平和主观倾向有差异

一篇论文是否被摘录很大程度取决于文摘刊物的编辑,而文摘刊物编辑个人的知识结构、学历背景、学识水平、审鉴能力、主观喜好等都会影响到具体的摘选取舍。且不说文摘编辑一般都不是学界知名的大家,即使由学识丰富的名家来做选择,也都不可避免地会有其个人的主观选择倾向,而这种主观倾向较之学识来说是更为不确定和难以把握的。有些优秀的学术文章没有被文摘刊物转载,并不一定就说明其学术水平不高。有的是因为文章选题无法归入文摘刊物设置的栏目,有的是其对学术前沿的探索没有被文摘编辑认识到,也有的就是因为被文摘编辑的主观喜好所排斥。

由于文章被摘转会给作者和首发期刊带来相关利益,有的作者和学术期刊也会为此去向相关文摘刊物的编辑和编辑部拉关系、走请托路线,以此来获得在具体的摘选工作中的特殊照顾。这些人情往来在一定程度上影响了编辑选稿的公正性,也会对文摘刊物的权威性和首发刊物的转载量排名的真实性产生消极影响。

(四) 论文获奖数

论文获奖数是指学术期刊所刊发的论文获省部级以上奖励的数量。这一指标在实际应用上存在着奖项性质、设置取向与论文学术水平、贡献度的

---

① 向志柱:《论文影响、转载排名与学术期刊评价》,《中国高等教育》2005 年第 5 期。

错位,以及统计获奖数量的难度较大等问题,目前还不能作为一项能直接反映期刊学术水平的指标来使用。

1.评奖取向不完全依照学术水平

各类评奖并不是针对学术期刊所发表论文来专门设置的,而是根据各评奖机构本部门工作目标设置的。统计这些获奖论文就会发现,应用研究方面的科研成果相比基础理论研究更容易获得高等级的奖项,而这些应用研究论文的学术水平和对学科的贡献度并不比基础研究论文高多少,有时甚至远远比不上。

2.统计困难

由于论文获奖数是期刊出版后的统计结果,作者在论文获奖后反馈给期刊编辑部的积极性不高、沟通途径欠缺,加之论文获奖的验证比较繁琐,也就难以实现穷尽反馈和奖项层级的准确把握,很难真实统计出刊物的论文获奖等级和数量。

(五)被引量

标注引用是基于研究者认为某文献对其研究产生的影响重要到需要说明的程度,这说明被引用本质上仅表示该文献对其他学者的研究产生了足够的影响,而受影响这一行为本身并不能直接说明被引用文献的学术水平高低。一篇发表在权威学术期刊上的论文,也有可能从来不被人引用或很少引用;一篇对于业界有影响力和指导意义的学术论文,其贡献并不能完全通过学界的引用表现出来。此外,受影响的研究者个体之间在学术研究能力和文献接受水平,以及每次引用行为受被引用文献影响的程度都会有差异,所受到的影响在性质上也有介绍研究起源、提供研究证据、说明类似成果、引用他人观点仅为批判等显著不同的差别,这些差别的程度很显然都是无法定量甚至定性比较的。许多研究者对于把被引量用作文献或期刊学术水平的评价指标存有异议,但被引的确是一种同行之间在学术质量方面的肯定,而且这种肯定也和学术质量存在着比较明显的正相关关系①。

以往对期刊的学术贡献主要依靠同行评议,在实际操作层面存在着手续烦琐、人情往来等弊病,因此科研管理工作强烈需要简便易行的评价方式。相比之下,引文分析法尽管并不完善,但在目前各类期刊评价方法中却最具科学性,也是最容易实现的,一定意义上这也是一种无奈之举。虽然引文分析仍旧基于同行评议,但统计被引量和被引率却成为一种定量意义上的考评方式。尤其是计算机技术的应用使被引指标统计的简易性、大样本可操作性大大提高,世界上最著名的 SCI、SSCI、A&HCI 等学术评价系统和国内多家学术评价系统的主要评价指标就是被引指标。

被引量指标是引文分析法在期刊评价中最简单直接的使用方式,是从历史回溯的角度表征了被评价期刊在学术研究脉络中的地位和在科学活动中发挥的作用。被引量指标包括总被引频次、5 年被引次数、他引总频次、被引刊数等。总被引频次又称被引总次数,是指被评价学术期刊自创刊以来,所刊发的全部论文在统计当年被引用的总次数。5 年被引频次是总被引频次的简单化统计,指被评价学术期刊在被统计年的前 5 年所刊发的全部论文在统计当年被引用的总次数。他引总频次是指被评价学术期刊自创刊以来所刊发的全部论文被除该刊之外的其他统计源在统计当年引用的总次数,主要是为消除自引对引文分析的负面影响而设计。被引量的主要影响因素有刊物所刊发论文的学术水平、载文量、所属学科、受关注度、可获得性、非正常引用和统计源等。

1. 刊发论文的学术水平

刊物的学术水平体现在所刊发论文的整体学术水平上,刊物发表的论文在本学术研究领域居于领先地位,理论上推测会产生较大的学术影响,从而引发相关研究者的注意和引用。这也是被引指标作为学术评价指标的依据所在。虽然不能简单地说学术水平高的论文必然会被引用或被引量大,

---

① 〔美〕尤金·加菲尔德:《引文索引法的理论及应用》,侯汉清等译,北京图书馆出版社 2004 年版。

但同等情况下,学术水平高的论文的被引量一般会高于学术水平低的论文。ISI 曾就被引频次与同行评议的相关性做过深入研究,为排除获奖可能对研究结论产生的影响,从 SCI 统计中对 1962、1963 年诺贝尔物理奖、化学奖、医学奖的获奖科学家所发表论文的被引量进行统计分析,发现获奖者的篇均被引频次为 2.9,而本领域的篇均被引频次为 1.57。1961—1975 年间 250 位被引频次最高的科学家中,有 42 人获得诺贝尔奖,有 151 人至少被选入一个国家的科学院,其他人也都以不同形式获得了学术奖励上的承认[①]。

根据论文所刊发期刊在期刊评价体系中的地位,可以非常简便地评定论文的学术水平层级,虽然是明显的以学术期刊评价代替论文评价,把对论文学术水平的评价推卸到学术期刊编辑部的审稿编辑手中,但这种"以刊评文"现象依然被广泛地运用于科研绩效、职称申报、论文评奖等许多领域。各类学术期刊评价体系每次评出的"核心期刊"表(或"来源期刊"表)会直接引发后续刊发论文的被评价效果,从而导致作者群投稿热情发生直接变化。多刊发高水平学术论文在理论上会引发学术刊物被引量的上升,而被引量的优异表现又会使学术期刊在评价效果上获得进步,如入选"核心期刊"或提高在同类期刊中的排名。学术声誉是学术期刊的生命线,而期刊评价是反映期刊学术声誉的主要途径。位列"来源期刊""核心期刊"不仅对读者有号召力,从而提高被引用的可能,还会由此吸引到质量更高和数量更多的稿源,从而为提高刊物学术质量提供了基础条件。这样看来,能够多刊发高水平学术论文与刊物被引量的提高是互为因果关系的。不断提升刊物的学术质量会使刊物走上良性发展的道路,反之则会陷入恶性循环。当然这种变化一般不会立刻显现,会有一段时间的反应滞后。是否入选"来源期刊""核心期刊"是刊物学术水平发展的显著分水岭。跌出几家最受重视的评价体系的"来源期刊""核心期刊"序列是任何一家学术期刊的"噩梦",再次返回可能需要付出非常大的努力。序列内的刊物一般都"稿满为患",拥

---

① 〔美〕尤金·加菲尔德:《引文索引法的理论及应用》,侯汉清等译,北京图书馆出版社 2004 年版。

有大量优质稿源;而序列外的刊物则"门庭冷落",甚至有的学者以论文被发表在序列外刊物上为耻。期刊评价引发的读者投稿效应客观上的确大大影响了学术期刊的整体利用效率,大量学术水平中等的论文徘徊在能否发表在目标刊物的边缘,也为学术期刊的权力寻租创造了灰色空间。

2.载文量

刊物的载文量与刊物的被引量理论上呈正相关关系,载文量越大,刊物被引用的可能性也必然会增加。当然增加载文量的被引有效程度还需要被引率的考察,虽然被引率的使用的确可以消除载文量对被引量的影响,但过分看重被引率也会引发刊物靠片面减少载文量来提高排名,从而降低学术期刊整体的利用率。因此,各学术期刊评价体系普遍采用被引量和影响因子、即年指标等被引率指标一起参与评价。

3.刊物所属学科

不同的学科由于自身属性、发展阶段、研究特点等不同,其研究者人数、发表文献量、引用习惯等会有显著差别,论文和期刊的被引量缺乏可比性。根据中国知网(2013年3月17日)统计数据来比较同样发表于2003年的单篇论文的最高被引频次,从跨大学科门类来看,"自动化技术"类为2 855次,"农业基础科学"类为392次,"出版"类为69次;就"哲学与人文科学"门类来看,"中国语言文学"为924次,"心理学"为490次,"哲学"为24次。比较各学科中最高篇均被引频次的学术期刊统计量,从跨大学科门类来看,"自动化技术"类中《软件学报》为39.6,"农业基础科学"类中《植物生态学报》为23.4,"出版"类中《知识产权》为7.29;就"哲学与人文科学"门类来看,"中国语言文学"类中《中国翻译》为24.4,"心理学"类中《心理学报》为17.1,"哲学"类中《哲学研究》为7.15。加菲尔德曾经这样说过:"我们总是应当强调:当使用引文数据评价任何事物时一定要小心,应清楚地认识其局限。例如不同学科之间与同一学科之内,作者数与期刊数会有很大差异,像植物学和数学这些较小的领域产生的论文数与引文数都比不上生物技术与遗传学等学科。"①

4.刊物的受关注度

受关注度高的刊物当然会更容易吸引研究者阅读和引用,刊物的受关注度得益于刊物在同类学术刊物中享有较高的学术地位、期刊评价体系中的级别和名次、刊物主办单位良好学术声誉的延伸、刊物专业性特点鲜明等因素。比如在受关注程度比较上,各学科的核心刊物普遍高于普通刊物,名牌大学学报普遍高于一般大学学报。经常刊发争议性论文或倡导学术论争的刊物也会受到研究者格外的关注。

期刊受关注度还可以通过期刊的发行量、流通量、地区分布数、机构分布数、国外论文数、Web下载量等指标来考察,受关注高的学术刊物其读者数量多、传播领域广、影响范围大,存在于读者群体中的大量潜在作者为刊物增加被引量和获得优质稿源创造了基础条件。

5.刊物的可获得性

由于科学论文的海量发表和研究时效的局限,研究者就一个选题进行穷尽式的论文研读越来越难以实现,发表在容易获得阅读的学术期刊上的论文也就容易被引用。纸质版学术期刊可以通过向相关学术机构、目的读者有针对性地推送或向潜在作者免费赠阅等方式来提高被阅读的程度。目前网络阅读已经成为广大科研人员获得研究资料的主要途径,学术期刊被多家电子期刊数据库收录或自建发布期刊内容的网站,都会极大地方便读者获取内容。有些学术期刊着眼于发行收入,不愿意发行网络版或只与一家网络数据库签订独家网络发行协议,在网络上滞后发布以保证纸质版的订阅等,对刊物的可获得性来说其实是不利的。

6.非正常引用

研究者引用文献行为的复杂性使引用量的统计数字不能做到绝对可

---

① Garfield E., The 250 Most-Cited Authors, 1961–1975. Part 1–2, *Current Contents*, 1997, (49–50).

靠,这也是被引量作为学术期刊评价指标最受争议的主要原因之一。真实、正确地列举引用文献体现了作者良好的学术素养、认真的研究态度和求真的科学精神,也是对他人研究成果的尊重。但在列举引用文献时也有很大的主观性,尤其在人文社会科学研究领域更容易受到各种心理影响而出现标注偏差。还有一些出于个人利益考虑而故意为之的非正常引用,对于建立在文献引用之上的引文索引、科学管理、科学史研究、科学结构分析等下一步进程带来负面影响,这其中当然也包括对学术期刊评价的干扰。根据行为发出者和动机,非正常引用可以分为以下四类:

(1)作者主观故意所致

作者在研究中吸收了他人的研究成果,故意不标注出来。有的是因为论文本身就是抄袭而成,不愿意列出以掩人耳目;有的是为了显示自己的学术观点的独创性程度,不愿意让读者知道相近观点或受启发文献;有的是对他人观点理解不深,唯恐由于引用而被人看出自己的研究有缺陷。还有的作者为装点门面故意滥引大量对研究内容意义不大的文献,或者句句标明出处,引用文献连篇累牍,以显示自己学术研究基础的丰富和知识的渊博,这其中尤以对名家、名刊和外文文献的故意引用最为常见[①]。

研究者基于个人前期研究成果而进行的连续性研究,或者必须引用自己以往的研究成果才能说明新观点,这样的自我引用是必须的、正当的,但是也有一些研究者为抬高自己的身份过度自引,以此扩大个人的学术影响、标榜个人的学术贡献。过度自引一方面让人不齿,另一方面也会让作者对正常的自引心生胆怯,为避免非议而减少或不去正常自引。

(2)作者写作草率所致

有的作者论文写作草率,引用文献标注错误或引用不规范,导致无法计入引用量;有的作者工作偷懒,不愿意耗费时间查证原作而随意转引,荷兰

---

① 常思敏:《参考文献引用中的学术不端行为分析》,《出版科学》2007年第5期。

研究者就曾发现一次错误引用竟被重复多次错误转引①;有的作者是由于个人疏忽漏引了文献,或是想不起来原文献、为图省事就不去标注引用;还有一种情况是作者认为这一观点已经是基础常识,没有必要再去列出②。

(3)编辑部或审稿人的诱使所致

期刊编辑部为了提高刊物的引用量,诱使作者添加对本刊物的引用或者优先选择引用本刊物的稿件,这也会引发作者为了刊发稿件而主动引用目的刊物刊发的论文。考虑到过多的自引会对他引总频次和他引率产生负面影响,几家刊物甚至会结成"互引联盟",诱导作者引用约定刊物刊发的论文。这种不正当的互引非常隐蔽,很难被看出。

(4)编辑部工作态度所致

编辑部对作者的非正常引用负有失察之责,但由于查证引用文献是一个相当艰巨的工作,很多编辑部只能听之任之。有的学术刊物不重视对引用文献的校对,也会产生引用错误。有的学术刊物不在版面上标示刊名、出版年、期数等信息,容易引起网络阅读者或复印件阅读者的误引;有的编辑部为了节省版面,不分主次删减注释和参考文献,也会带来引用统计的偏差。

7.统计源

不同的期刊文献数据库由于各自选用的期刊统计源数量有差别,以及在统计工作中对可引用文献的规定和对有争议引用的处理结果不同,同一家期刊在不同数据库统计中的被引量数值也会有差别,但这种差别不会对期刊在学术评价中的位次产生大的影响。查阅2008年版的《中国学术期刊综合引证报告》《中国期刊引证报告(扩刊版)》和《中国科技期刊引证报告(核心版)》,《中国农业科学》的总被引频次分别为6 014、5 941、4 746。究竟

---

① Moed H.F., Vriensv M., Possible Inaccuracies Occurring in Citation Analysis. *Journal of Information Science*, 1989, 15(2):95-117.
② 苏广利、许新军:《社科论著参考文献引用中的七种不良行为》,《图书馆工作与研究》2002年第2期。

是广泛收录的大样本统计源的统计还是精心选择的小样本统计源统计更能表明刊物的学术影响力,学术界对此还没有形成定论。

(六) 发行量

就如同电视的收视率、网络的点击量一样,期刊的发行量一直是衡量期刊办刊质量和影响力的重要依据。把发行量用作期刊评价指标是基于这样的认识:一方面,发行量可以看作是广大读者用订阅行为对期刊的办刊质量所作的海量投票结果;另一方面,没有足够的发行量,刊物的价值就无法在社会普遍阅读中获得实现,也就不会产生其应有的社会效益和经济效益,也就说明该期刊并没有得到社会大众的广泛认可。虽然各类期刊的发行量差别很大,但就同类期刊来讲,发行量在刊物评价方面还是一个相当重要、直观的指标。对期刊发行量的一般性认识也是发行量一度被作为评价学术期刊的重要指标的理论依据,但在实际应用发行量作为学术期刊评价指标时却会发现有很多前提条件并不具备。

1.发行量统计数据的真实性难以保证

和许多非学术期刊一样,由于缺乏相关的监督机制和权威的第三方认证机构,学术期刊发行量数据的真实性难以保证。有的学术期刊以照顾用稿换取订阅,有的学术期刊向读者大量免费赠阅,有的学术期刊以印数代替发行量,有的学术期刊对外宣称的发行量水分很大。虚假的发行量统计数据当然失去了用作评价指标的价值。

2.发行量不能等同于阅读量

刊物的使用价值是通过读者的阅读实现的,只有被阅读过的期刊才真正实现了刊物的价值。我们以发行量来评价期刊质量,其实质是希望通过发行量来表征阅读量,是基于每一位订阅期刊的读者都应该阅读了该刊物、每一本刊物都被相同人次阅读过的假设。但在实际生活中普遍存在着某一本刊物并没有被阅读、某一本刊物却被多人阅读等情况,这种实际阅读的不均等就会影响发行量作为质量指标的权威性。个人订阅多是自己一个人阅读利用,而图书馆、资料室订阅的期刊基本上是一刊被多人阅读利用。

3.学术期刊发行量整体偏少,削弱了比较的意义

学术期刊的发行量一般在几百份至几千份之间,与非学术期刊相比不值一提。这源于学术期刊读者群定位为小众的学术研究群体。在小数值的发行量统计中,订户的偶然性、非常规订阅选择等都会影响到指标数据的可靠性,也就失去比较各自发行量多少的意义。

4.众多学术期刊的读者群并不同一

学术期刊因反映的学术领域众多,涉及完全相同的学术领域的学术期刊并不多见。不同于各类非学术期刊所面向的读者群基本是同一类人群,如女性杂志指向女性读者、老年杂志指向老年读者群,学术期刊面向的读者群体并不同一,很难将其中一些刊物的读者群归并到可以由发行量反映出差别的细分范围内。学术期刊大致分为综合性学术期刊和专业性学术期刊,这两大类期刊首先就没法放在同一个发行量评价层面上来讨论。即使同属综合性学术期刊,各刊反映的学术领域有重叠的地方,但也有各自不同之处,有的偏向文史专业,有的偏向哲学、经济等。专业性学术期刊更是各有不同,以新闻传播类学术期刊为例,从大类上划分,有以刊发新闻传播理论论文为主的,有以反映新闻传播实务为要的,也有以登载新闻传播史知名的;即使同属于反映新闻传播实务的学术刊物,有以刊发报刊研究论文见长的,有以反映广播电视学术研究闻名的,有以新媒体研究作为重点栏目的,等等。此外,各家学术期刊一般都设有自己的特色栏目,也刊发与其他学科交叉融合领域的研究论文,这些栏目和论文就更难找到与其他学术刊物的重合领域了。

5.新媒体阅读方式强烈冲击了发行量对学术期刊的评价指标意义

新媒体阅读方式包括光盘阅读、网络阅读、手机阅读等。学术期刊的光盘版发行一直没有形成气候,只有个别学术期刊如《浙江大学学报》(人文社会科学版)实现了手机版发行,目前国内学术期刊普遍采用网络版发行。学术期刊的网络版以与中国知网、万方数据等数字出版平台合作发行网络版为主流,一小部分学术期刊也通过自办网站对外发布网络版。对于那些纸质版发行量巨大的非学术期刊来说,新媒体阅读虽然也会对其纸质版的发行产生影响,但目前尚可以承受得住。对于纸质版发行量普遍较少的学术期刊,新媒体阅读的冲击已经非常明显,主要存在以下几方面的原因:

(1)学术期刊的读者以相关专业领域的研究者、相关专业的在校师生和相关业界的从业者为主,普遍都有上网的便利条件和使用计算机学习、研究的习惯,相对来说,比其他读者更喜欢阅读网络版学术期刊。

(2)学术期刊中很大一部分是综合性学术期刊,由于刊发内容跨越好几个专业,与某位读者的个体需要相吻合的其实并没有几篇,这也是很多读者不愿意订阅综合性学术期刊的主要原因之一。由中国知网、万方数据等发行的网络版学术期刊就不存在这个问题,可以任意选择自己需要的论文单篇阅读或下载。

(3)中国知网、万方数据等数字出版平台使用简单、下载快捷,为用户提供了强大的已发表论文搜索服务,不仅可以让用户通过篇名、作者、单位、关键词、主题、摘要、参考文献等来查找论文,还会帮助用户列出目标文献的参考文献、引证文献、共引文献、同被引文献、二级引证文献、相似文献、同行关注文献、相关作者文献等,为读者的阅读和研究提供了非网络版学术期刊所无法体验到的强有力的帮助,从而显著提升了网络版对用户的吸引力。

(4)许多高校和研究机构的图书馆购买了中国知网、万方数据的包库服务,本校、本机构的用户可以免费阅读和下载论文。而这些高校和研究机构的用户正是学术期刊的主要读者。一边是免费的、方便下载的网络版,一边是需要付费的、传统的纸质版,大家当然会普遍倾向选择使用网络版。

特别值得一提的是,网络版的被使用在时间上是无限期的,只要是已经发表的网络版文章,随时都可以被下载阅读。这种跨越时空界限的使用方法与传统的纸质版发行是完全不同的,也使得纸质版发行量和网络版的阅读下载量无法合并计算。因为前者是静态的、一次发生即不变的,后者是动态的、在不断增加中的。

(七) Web 下载量

Web 下载量可以分为 Web 下载总量和 Web 即年下载量。Web 下载总量是指被评价学术期刊已刊发并在网上登载的全部论文在统计当年被下载的总次数,Web 即年下载量是指被评价学术期刊当年刊发并在网上登载的全部论文在本年度被下载的次数。在当下大部分学术期刊依靠中国知网、万方数据等平台发行网络版的背景下,Web 下载已经成为众多研究者获取研究资料的主要途径,Web 下载量可以视作学术期刊的网络发行量,显示着期刊被网络读者关注的程度。理论上推测,论文被阅读的次数越多,被引用的可能性越大。如同期刊纸质版发行量不能等同于阅读量一样,Web 下载量也仅说明读者下载了该期刊刊载论文的数量,并不能表明论文被阅读了以及被几位读者阅读过;Web 下载是论文被获取的一种有效途径和被引用的基础,但论文是否会被引用与此呈低度正相关关系[1]。下载量较多有可能是论文学术水平较高,对读者的学术研究有所帮助,但也有可能是因为论文的题目或内容摘要比较吸引读者,在内容上其实并没有多少可借鉴之处。

(八) 其他绝对定量指标

1.其他绝对定量被引指标

定量被引指标中除了被引量系列外,还有被引期刊数、被引机构数等。

---

[1] 张小强:《期刊下载频次与被引频次及影响因子相关性——以中国知网 CSCD 与 CHSSCD 刊物为样本的计量分析》,《情报理论与实践》2011 年第 8 期。

这些指标主要反映被评价期刊在学术研究中被使用的范围广度和受关注度。被引期刊数是指某段统计时间内引用被评价期刊的期刊数量,被引机构数是指某段统计时间内引用被评价期刊的文献作者所属的机构数量。虽然学科之间存在着普遍联系,但毕竟有疏有近,引用某家学术期刊的期刊、机构范围一般都局限在与本学科或相近学科相关的学术期刊和学术机构,也导致各种学术期刊的被引期刊数、被引机构数趋于一个相对稳定的数值。在一定阶段内,所属学科扩展、刊物学术影响力的提升会在被引期刊数和被引机构数方面有所体现,但当所属学科和刊物学术影响力达到一定程度时,被引期刊数、被引机构数或是缓慢增加,或是在一个稳定的数值范围内徘徊。由于被引期刊数、被引机构数除了和刊物被使用的广度和受关注度有关系以外,还受所属学科影响甚大,所以一定程度上可以用来比较同一学科内学术期刊的差别,对于分属不同学科的期刊就失去了测度价值。

2.引用指标系列

引用指标系列包括引用频次、引用期刊数、引用机构数等。引用频次是指某段统计时间段内被评价学术期刊引用文献的数量,包括引用其他刊物的引他量和引用本刊物的引自量。引用期刊数是指某统计时间段内被评价学术期刊引用其他期刊的数量。引用机构数是指某统计时间段内被评价学术期刊引用文献作者所属的机构数量。由于引用指标系列与期刊自身质量评价相关性不是很大,一般不列入期刊学术评价指标行列,而较多使用于测度该期刊的学术交流程度和吸收外部信息的能力。

3.作者分布指标系列

作者分布指标系列包括作者地区分布数、作者机构分布数等。作者地区分布数是指某统计时间段内被评价学术期刊刊载论文的作者分布的地区数,作者机构分布数是指某统计时间段内被评价期刊刊载论文的作者分布的机构数。作者分布指标系列与刊物的学术质量没有直接关系,一般不会用来评价期刊的学术质量,主要在测度和研究学术期刊的开放程度和作者队伍的广度时使用。

二、相对定量指标

学术期刊评价指标中的相对定量指标可以分为三类,第一类是指向学术期刊所刊载论文的学术水平和学术影响评价,有被摘率、被引率、他引总引比、H指数、被引半衰期、扩散因子、基金论文比等;第二类是指向学术期刊的流通使用评价,有发行量平均增长率、Web下载率等;第三类是指向学术期刊的学术交流程度和吸收外部信息能力的评价,有引用率、引用半衰期、引他总引比、国外论文比、平均作者数等。此外还有一些其他类型的相对定量评价指标,由于目前还没有被投入应用,暂不论及。

(一) 被摘率

被摘率也被称为被转载率、被转率、文摘率等,是指被评价期刊在统计年度被特定学术文摘刊物转载、摘录的数量与载文量之比,也就是被摘量与载文量之比。被摘率就是篇均被摘量,由于载文量多的刊物被摘转的概率更大,采用被摘率会有效消减载文量大的刊物在被摘量统计上的先天优势。被摘率同被转载量一样,在引文分析法还没有得到普遍应用前,一度是评价学术期刊的重要评价指标。在被引量、被引率等评价指标得到广泛使用后,被摘率逐渐转变为评价学术刊物的参考指标。

被摘率是被摘量与载文量之比,被摘量的影响因素如学术期刊刊发论文的学术水平、与文摘刊物的选文倾向的契合度、是否符合文摘编辑的期待视野等,当然也会影响到被摘率的数值表现。被摘率用作学术期刊评价指标时,同被摘量一样也存在着作为学术期刊评价指标难以覆盖全部学术期刊、文摘刊物群对各学术领域的关注度不均衡、文摘刊物的摘选标准不完全是看论文学术水平、文摘刊物编辑的选文水平和主观倾向有差异等不合理之处。

从被摘率的计算公式来看,被摘量与被摘率成正比关系,载文量与被摘率成反比关系。假设载文量不变,被摘量的增加或减少会引起被摘率的相应增加或减少;假设被摘量不变,载文量的增加或减少会引起被摘率的相应减少或增加。仅从理论上理解,增加载文量尤其是增加学术水平较差的论文的刊发数量会引起被摘率的下降,减少载文量尤其是减少学术水平较差的论文的刊发数量会引起被摘率的上升。但由于被转摘过程中其他因素更为强有力的影响,以及数值较小的被转摘量受偶发因素的波动影响较大,在实际计算中的情况会更为复杂,理论上的假设模型更多的是让刊物在主观上有一个努力方向。

(二)被引率

引文分析法被应用到学术期刊评价领域一直是伴随着争议前行,由于这一应用改变了过去操作繁琐、难以定性评测的期刊评价和科研管理工作面貌,被认为是目前定量评价期刊学术质量最简便、科学的评价方法。学术期刊刊载论文的被引用毕竟是学术共同体对论文作者和学术期刊的学术认可方式,与论文和刊载期刊的学术质量有较明显的相关性。宏观统计表明,被引用行为与论文的学术质量之间存在着较为明显的正相关关系[1]。而被引指标的可计量、可比较,尤其是计算机技术为被引数据的巨量统计带来了极大助力,使得引文分析法成为学术期刊质量评价的主要方式。

由于载文量多、刊龄长的刊物会比载文量少、刊龄短的刊物在被引量的统计上占有先天优势,加菲尔德(E.Garfiled)提出可以通过被引率来测度学术期刊的影响力。由于被引率属于相对统计量,是刊物在一定时间范围内的被引量与载文量的比值,可以相对减少由载文量和创刊时间的不同所带来的学术评价偏差。被引率也由此被认为标明了被评价刊物获得的客观学

---

[1] 〔美〕尤金·加菲尔德:《引文索引法的理论及应用》,侯汉清等译,北京图书馆出版社2004年版。

术响应,已经成为学术期刊评价指标中最受重视的学术影响力系列指标,被广泛运用到各类学术期刊评价体系中。

1.常用的被引率指标

(1)影响因子

影响因子分为2年影响因子和5年影响因子两种,一般意义上的"影响因子"是指2年影响因子,指被评价期刊在评价年度的前2年刊载的论文在被评价当年的被引总次数与该刊前2年总载文量的比值。加菲尔德根据普赖斯的峰值理论把影响因子的统计时间定义为2年,也就是说,影响因子的评价意义主要在于对期刊刊载论文被引用量达到峰值时的被引率评价,以此来测度期刊的学术影响力和学术地位。

(2)反应速率

反应速率是指被评价期刊前1年刊载论文在统计年度的被引次数与前1年该刊载文量的比值。反应速率是测度论文被其他研究者利用的速度,由于反应速率在指标意义上与即年指标接近,因此在实际使用过程中大家更习惯于采用即年指标。

(3)即年指标

即年指标又称当年指数、当年被引指数、即年反应速率,是指被评价期刊在统计当年刊载的论文本年度的总被引数与当年载文量的比值,即该期刊当年的篇均被引用量。即年指标作为评价指标被使用,主要是基于学术水平高的期刊和论文会引起其他研究者的积极关注并被尽快在研究中获得体现的这样一种假设。主要用来衡量被评价学术期刊被学术共同体的利用速度以及被评价期刊对本学科发展进程中新的科研进展的快速反应程度,也可以通过即年指标发现某学术领域较热门的学术期刊和学科热点。

2.他引率与自引率

他引率是被评价期刊在一定时间范围内的他引量与载文量的比值,是

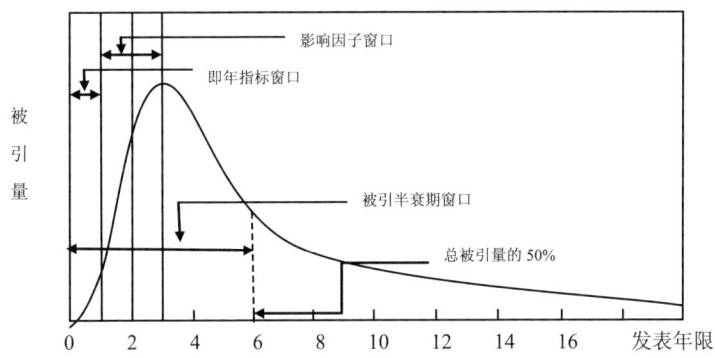

来源：Amin M.，Mabe M.，Impact factors：use and abuse，*Perspectives in Publishing*，2000，（1）.

图 2.3　论文引用积累曲线

一系列带有"他引"含义的评价指标的总称，他引率包括他引影响因子、他引反应速率、他引即年指标等，也就是说，他引率是一个集合概念。同样，自引率是被评价期刊在一定时间范围内的自引量与载文量的比值，是一系列带有"自引"含义的评价指标的总称，自引率包括自引影响因子、自引反应速率、自引即年指标等，自引率也是一个集合概念。由于他引率是去除了自引行为之后的被引率，而自引行为被认为有很大程度的自我褒扬、人为提高被引率的嫌疑，他引率由此也就显得比被引率更加公正，有些他引率指标会被学术期刊评价体系单独或与被引率一起结合使用。

自引率是去除了他引行为的被引率。有了他引率做评价指标，也就没必要再多余增加一个评价意义类同的指标，因此自引率很少被使用，只在研究学术期刊、作者群、学科的封闭性和交流程度时会用得着。我们知道，虽然他引率可以有效去除故意自引对期刊评价的干扰，但同时也会由于去除了期刊的正当自引而影响到学科和作者群封闭性较强的学术期刊的指标数值。

从自引、他引角度区分的被引率指标：

被引率	篇均被引频次	影响因子	即年指标	……
他引率	他引篇均被引频次	他影响因子	他引即年指标	……
自引率	自引篇均被引频次	自引影响因子	自引即年指标	……

注:被评价刊物某项他引率+被评价刊物某项自引率=被评价刊物某项被引率

3.被引率的主要影响因素

被引率的通用计算公式为:被评价期刊的被引率=该刊某统计时间段内的被引量/该刊某统计时间段内的载文量。由此我们可以看出,被引率主要受载文量、被引量、评价时间段等要素的影响,此外,评价时使用的载文量、被引量数据的提供者——统计源也会对被引率的数值产生影响。

(1)载文量

从被引率计算公式简单来看,载文量与被引率成反比关系,也就是说,载文量大的学术期刊其被引率会相应变小。但在被引率的计算公式中,载文量和被引量并不是两个独立的、不相关的变量,学术期刊增加载文量的同时通常也会带来被引量的增加,如果由增加载文量所带来的被引量增加水平超出其原有(或设定)的标准就会提高被引率,没达到其原有(或设定)的标准就会降低被引率;同理,减少载文量所带来的被引量减少程度超过其原有(或设定)的标准就会降低被引率,低于其原有(或设定)的标准就会提高被引率;如果增加或减少载文量所带来的被引量与其原有(或设定)的标准基本持平,也就基本上不会影响到被引率数值。

从理论上推断,篇幅大的学术论文其被引可能性显然会高于篇幅小的论文,因此刊发少量大篇幅论文会明显提高学术刊物的被引率。这一推断在实际应用中也得到了验证,成为学术期刊迅速提高被引率指标的捷径。当然,载文量少的学术期刊由于在计算公式中分母小,其被引率数值波动程度会大于那些载文量多的学术期刊。

(2)被引量

刊物刊发论文的学术水平、载文量、所属学科、受关注度、可获得性、非正常引用和统计源等都会对其被引量产生影响。

研究表明,虽然具体到每一篇高水平的学术论文被引次数不一定就多,刊物所刊发论文之间也会存在较大的被引量差异,处于热点研究领域、评论性较强、容易引发争议等类型的论文被引的可能性会相对较大[1]。但总体来说,高水平的学术论文的被引次数普遍会高于低水平的学术论文[2]。

刊物的载文量理论上与被引量有正相关关系,当然由载文量带来的被引量增加有效性需要通过被引率来考察。

刊物所属学科由于学科成熟度、研究特点以及研究者人数、发表论文量、引用习惯等的不同会带来引用量的显著差异。

受关注度高和研究者容易获得阅读的学术刊物具有相对较高的获得引用的可能性。

此外,非正常引用会对被引量的统计数据产生人为干扰,由于统计源采用来源期刊数量的不同,其贡献的刊物被引量数据也会有很大区别。

(3)评价时间段

被引率指标中的影响因子、反应速率、即年指标,从计算公式看其主要不同就是计算各项指标时选取了不同评价时间段的被引量和载文量,由此也就产生了不同的评价意义。当然这些时间段的选取不完全是主观臆测,而是建立在较为完备的理论推断和大量的实践使用成果之上的,但毕竟是人为划定,不可能完全契合众多学术期刊纷繁复杂的实际评价情况。虽然为文献计量统计带来了很大的便利,但"一刀切"的规则制订必然会造成人为的厚此薄彼。

以影响因子的评价时间段为例,影响因子的评价意义主要在于对期刊刊载论文被引用量达到峰值时的被引率评价,被引峰值的时间是期刊影响因子统计的重要计算因子。一方面,不同学科、不同类型的学术期刊的被引峰值存在着较大差异。基础学科文献被引用的年限较长,应用学科文献被

---

[1] Garfiled E., How Can Impact Factors Be Improved?, *British Medical Journal*, 1996, 313:411-413.
[2] 〔美〕尤金·加菲尔德:《引文索引法的理论及应用》,侯汉清等译,北京图书馆出版社2004年版。

引用的年限较短。对一定时间段的国内部分学科学术论文引文数据统计研究发现,生物学和农业科学(地学)论文的引文峰值在发表后的第3至4年,水产学论文的被引峰值在发表后的第8年[①]。另一方面,文献计量要求必须有一个通行各学科的普遍计算年限,加菲尔德接受了以美国文献学家普赖斯(Derek.De Salla.Price)为代表的一批学者的"研究峰值"(Research Front)观点,认为各类学术论文被引用的平均峰值是在发表后的第2年,这也是国际上通用的计算影响因子评价时间段定为2年跨度的原因。但这一时间段的选定也一直存有争议,前苏联学者柯果塔特科夫就认为,文献被引用的平均峰值应为论文发表后的第2至4年。

把影响因子的评价时间段简单划定为2年,对于有些峰值出现较早或较晚的学科而言,其评价意义就会与影响因子的评价出发点有所偏离,与影响因子指标设计的初衷有悖,从一开始就带来了学术期刊评价的不平等竞争,由此计算出的影响因子数值也就不可能真实地反映某些期刊的学术影响力。加菲尔德为此也说过:"对于某些领域,也许需要10年甚至更长时间,一篇论文的被引次数才会像个样子,而其他领域,论文发表几年后引文数就可达到最高峰。"[②]《中国农业核心期刊概览》为此将5年影响因子作为评价指标之一。[③]

(4)统计来源

各家学术期刊评价体系都有各自不同的学术期刊统计数据库,而各统计期刊库都在来源期刊遴选标准上各有区别,由此带来的学科划分和来源期刊数量的差异,同一期刊在不同的引证报告中就会显示出不同的被引统计数据,当然也就会导致计算出的评价数据有差异。查阅2008年版的《中国学术期刊综合引证报告》《中国期刊引证报告(扩刊版)》和《中国科技期刊引证报告(核心版)》,《中国农业科学》的影响因子分别为1.889、1.871、1.519。

---

① 何荣利、司天文:《对现行中国期刊界计算影响因子年限的思考》,《中国科技期刊研究》2001年第5期。
② Garfield E.,The 250 Most-Cited Authors,1961-1975.Part 1-2,*Current Contents*,1997,(49.50).
③ 中国农业科学院信息研究所:《中国农业核心期刊概览2006》,中国农业出版社2006年版。

(三)他引总引比、自引总引比

他引总引比是被评价期刊在统计年度被其他期刊引用的总次数与该年度总被引频次的比值,主要用来考察该刊物他引次数在总被引次数中的贡献度。与他引总引比相对应的概念是自引总引比,自引总引比是被评价期刊在统计年度被本期刊引用的总次数与该年度总被引频次的比值,用来表达自引次数在总被引次数中的贡献度。也就是说,他引总引比+自引总引比=1。他引总引比与自引总引比的数学关系简单明了,所以在这方面的评价指标只选择其中一个就可以了,各评价体系普遍选取他引总引比。

1.他引率与他引总引比、自引率与自引总引比的区别

经常会发现有的研究者在使用时把他引率与他引总引比、自引率与自引总引比混淆在一起的情况。他引率是被评价期刊在一定时间范围内的他引量与载文量的比值,是一系列带有"他引"含义的评价指标的总称。也就是说,他引率是一个集合概念,而他引总引比是一个个体概念。

同样,自引率是被评价期刊在一定时间范围内的自引量与载文量的比值,是一系列带有"自引"含义的评价指标的总称。自引率也是一个集合概念,而自引总引比是一个个体概念。

2.导致期刊的自引总引比、自引率较高的原因

导致期刊的自引总引比、自引率较高的原因,主要有三类:

(1)相关学科较封闭

期刊所属学科的封闭性较强或者与该期刊相关的其他学术杂志较少,研究者可以借鉴的学术论文相对集中于很少的几家学术刊物,作者引用刊物自身刊发论文的概率就会大大增加。这种封闭性较强的特点应是同学科学术期刊所共有的。这一方面说明了不同学科间的学术期刊其自引总引比、自引率没有可比性,另一方面也说明了如果同学科期刊中某一期刊的自引偏高,应该是有其他原因参与造成的。

(2) 人为提倡自引

由于学术期刊刊发论文与该刊之前发表论文的主题、内容密切相关,论文作者的延续研究和引注偏好以及该刊物在研究群体中的容易获得等原因,很多自引是正当的,也是必要的。自引是否正当,一般情况下很难判别,而且一些高水平的学术刊物由于其自身领先的和引人注目的学术地位,也会带来较高的自引行为。由此,有的学术期刊评价体系对期刊的自引行为并不是非常限制,但增加自引也的确会直接增加刊物的被引率指标数值,也就促使有些学术期刊为了提高被引率,人为提倡作者增加对本刊物的引用。这一态势也引起了学术期刊评价体系对他引率指标系列、他引总引比的日益重视。

(3) 被评价期刊学术水平较低

在同学科背景的学术期刊中,某刊物自引总引比、自引率偏高,除了人为提倡自引外,也有可能是由于该刊物学术水平较低。低水平的学术刊物由于缺少为研究者提供学习参考价值的可能,也就难以获得其他研究者在撰写论文时的引用,或者引用这类刊物刊载的论文学术水平较低,也很难在其他学术刊物上发表,导致该刊物的他引总引比、他引率较低,自引总引比、自引率偏高。

(四) H 指数

H 指数是由美国加利福尼亚大学圣地亚哥分校的学者乔治·希尔施(Jorge E.Hirsch)在 2005 年设计首创的一种文献计量指标。设计 H 指数的出发点是定量测度研究者的个人学术成就,"H"是由"高引用次数"(high citations)简写而来的。在之后的使用中,H 指数不仅可以用于评价个人的学术成就,也被用来评价学术期刊、学术专著、学术机构等的学术影响力。用于评价学术期刊时,H 指数是指被评价学术期刊至多有 H 篇论文均被引用过至少 H 次。H 指数越高,表明该学术期刊的学术影响力越大。

1. H 指数的测定

H 指数的测定非常简便,列出被评价期刊历史上所有的高被引论文,依照论文的被引频次从高往低降序排列,当某一篇论文的排序号大于该论文的被引频次时,用该序号减去1就是被评价学术期刊的 H 指数。

表2.1 A、B 学术期刊 H 指数测定

A 期刊(H=25)		B 期刊(H=25)	
论文序号	被引频次	论文序号	被引频次
…	…	…	…
20	59	20	124
21	30	21	111
22	29	22	102
23	28	23	98
24	26	24	87
25	25	25	26
26	20	26	25
27	10	27	24
28	8	28	23

如表2.1所示,A、B 两种学术期刊被引用了至少25次的论文总共有25篇,其余的每篇论文的被引次数都小于或等于25。

2.H 指数的长处

(1)兼顾质量和数量测度

H 指数在一个指标意义里包含了对质量、数量两个方面的测度。H 指数高意味着被评价期刊不仅刊载论文的学术水平高,而且高水平论文的刊载数量也多,H 指数综合评价了学术期刊的刊载论文产出和学术影响。

H 指数这一巧妙兼顾了质量和数量的设计,对于那些只求刊载论文质量高而片面减少载文量以及只满足于载文量大却不对论文质量作更高追求的学术期刊来讲,是一个严苛的评价指标。仅仅是论文质量或数量的单方面提高都很难影响到期刊 H 指数。两家学术期刊的载文量或者被引量差距悬殊,但其 H 指数很可能相近,也就是说,这两家期刊的学术影响力是相近的。

(2) 计算简便

H 指数计算简便且其指标含义易于理解,用一个数字就可以判断期刊学术质量的高低,但这也是 H 指数的缺点所在,把复杂的科学研究成果简单化,由此也存在着弊端。

3. H 指数的局限

(1) 灵敏度低

与影响因子的计算效果不同,大量的低被引论文对期刊的 H 指数没有任何贡献,少量高被引的论文即使远高于其他论文,但由于没有形成规模,也不会对 H 指数产生影响。H 指数越小,其上升越容易;H 指数越大,其上升需要的时间就会越长。这种情况也导致 H 指数的灵敏度较低,被评价期刊的 H 指数普遍会处于数值几年不变的停滞状态,同时带来了两个极端反应:一是通过 H 指数评价不利于刊龄较短的期刊,因为所刊载的论文短期内很难有那么高的被引量积累,也就使其对提高 H 指数不抱热望;二是这项指标有可能引起已取得高 H 指数的学术期刊用不着再有作为,因为 H 指数是一个只增不减的数量值,只会随着统计年度的增加而增加(或不减少),已刊载的高水平论文依然会由于继续被引用而为以后的 H 指数测度作贡献,所以我们无法通过 H 指数观察到某学术期刊的退步情况。

(2) 区分度差

由于 H 指数的稳定性高,尤其是 H 指数值较小的学术期刊相同数值的几率很大,也就难以实现对这些相同 H 指数学术期刊的进一步区分比较。换句话说,H 指数对于评价那些 H 指数相同的学术期刊是无效的。这种区分度差的指标显然不利于实现学术期刊评价的目的,也就限制了 H 指数的使用范围和使用价值。从表 2.1 可以看出,A 期刊与 B 期刊在实际的引文数量上还是有一定差距的,但仅通过 H 指数无法对这两家期刊的学术质量进行比较。

(3)不适用不同学科背景学术期刊的比较

H 指数的计算依然是基于被引频次的,而被引频次是与学术期刊的学科背景紧密相关的,说明 H 指数依然没有摆脱和其他传统评价指标一样的束缚,不适合用于学术期刊跨学科的比较。有学者曾就此进行过相关分析,通过数据统计也的确证明了这一点[①]。

(五)被引半衰期

被引半衰期是指被评价期刊在统计年度的被引用行为中较新的一半的被引发生的时间段,用来测度学术期刊刊发文献学术影响的衰退速度。一般认为,期刊的被引半衰期越长,表明该期刊刊发文献的学术价值的衰退速度越慢,文献继续被使用的时间越长,该学术期刊也就越有长期学术价值。那么,期刊的被引半衰期越短,也就表明该期刊刊发文献的学术价值衰退速度越快,文献继续被使用的时间越短,该学术期刊也就越缺乏长期学术价值。但并不能简单地认为被引半衰期较长的学术期刊其学术质量就比被引半衰期较短的学术期刊学术水平、学术影响力高。

学术期刊的被引半衰期也与相关学科的性质、发展状态和研究特点有很密切的关系,被引半衰期较短的学术期刊,在一定程度上也表明该学术刊物的相关学科的发展较快、研究较为活跃。如新闻传播学、教育学等学科的期刊被引半衰期大部分在 3 年之内,而考古学、历史学、中国文学等学科的期刊被引半衰期大部分在 9 年以上。就人文社科领域学术期刊而言,被引半衰期与学术期刊的学术影响力没有明显的相关关系。大量统计数据表明,影响因子低的学术期刊其被引半衰期较长,影响因子较高的学术期刊其被引半衰期较短。由此可见,被引半衰期对于学术期刊个体而言并没有实际评价意义。[②] 此外,被引半衰期还与被评价期刊的被引量有较密切的联系,如

[①] 刘红:《科技期刊的 H 指数与影响因子比较》,《中国科技期刊研究》2006 年第 6 期。
[②] 白云:《中国人文社会科学期刊被引半衰期分析研究》,《云南师范大学学报》(哲学社会科学版) 2006 年第 4 期。

果该期刊的被引量近期增加幅度较大,也会带来其被引半衰期的明显缩短。通过以上讨论可以发现,使用被引半衰期作为期刊学术质量评价指标还存在很大问题,并且不能简单地用被引半衰期的长短来评价期刊的学术水平和影响力。

(六)扩散因子

扩散因子是被评价期刊在统计年度被引用的期刊数与总被引频次的比值,由于数值较小,为便于比较,应用时对其数值扩大100倍。扩散因子的数值可以理解为是就被评价期刊在统计年度每被引100次所涉及的期刊数,设计该项指标是为了表征学术期刊与其他学术期刊的交流程度和范围。

公式如下:

$$扩散因子 = \frac{统计年度被引用的期刊数}{该年度总被引频次} \times 100 \qquad (1)$$

扩散因子这项指标是由《中国科技期刊引证报告》(CJCR)(2002年版)最先推出的。扩散因子计算公式中的分子是统计年度被引用的期刊数,而学术期刊的被引用期刊主要集中在与该学术期刊相联系的相关学科范围内,在一定发展阶段内被引用期刊数会随着刊物学术影响力的扩大而增加,当发展到一个临界点时,其数值会相对保持在一个稳定的变化范围内,并呈饱和状态。之后除非刊物进行大的变革如办刊宗旨、选稿标准等的变化,或者相关学术领域的学术期刊数量有了大幅度增加或减少,才会再次出现不稳定,假以时日还会再次达到新的饱和状态。计算公式中的分母是总被引频次,总被引频次随着刊物学术水平和学术影响力的提升会在数值上有相应的表现。相比被引期刊数来说,总比引频次数量较大且很难饱和。也就是说,在刊物逐渐提高办刊水平的过程中,扩散因子计算公式中的分子在未饱和前会增加,然后会稳定下来,而分母则会逐渐增加下去。这样一来扩散因子的曲线就会呈现这样一个趋势:在被引期刊数未达到饱和前会由于被引期刊数的增加而呈上升状态,当被引期刊数达到饱和后则会由于总被引频次的增加而呈下降状态。

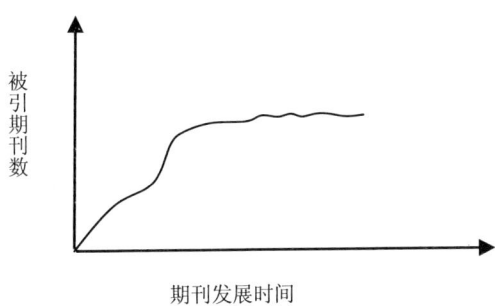

图 2.4　理论上的某刊被引期刊数发展模拟曲线

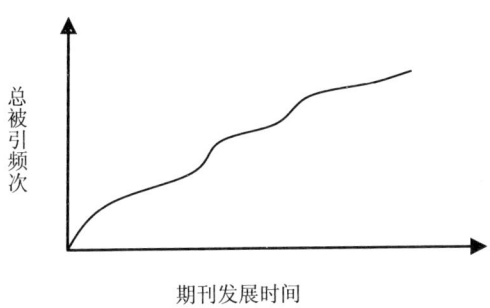

图 2.5　理论上的某刊总被引频次发展模拟曲线

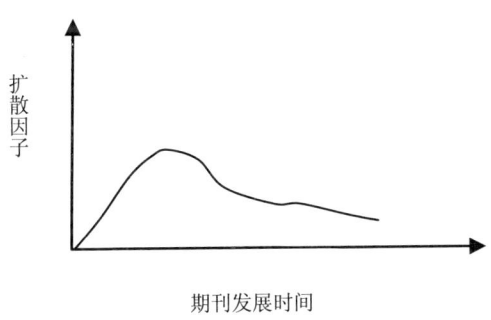

图 2.6　理论上的某刊扩散因子发展模拟曲线

通过图 2.4、图 2.5、图 2.6 的变化曲线可以看出，在某学术期刊的总被引频次未达到饱和前，扩散因子也许还有一些评估刊物的指标价值；但当总被引频次达到饱和后，扩散因子不仅失去了评估的指标价值，其数值变化甚至与评估的目的指向相反。这说明扩散因子在充当学术期刊评估指标的科学性和合理性方面尚存在着较大的缺陷,在改进和完善前,不适于用作学术期刊评估指标。

(七)基金论文比

基金论文比是指被评价期刊在评价时间段内刊发论文中接受各类基金、项目资助研究的论文所占的比例。基金、项目主要包括国家自然科学基金、国家社会科学基金、国家重点基础研究发展规划("973"规划)、国家高技术研究发展计划("863"计划)等国家级纵向基金和各类省部级基金、科研资助项目以及重大横向项目。1994年原国家科学技术委员会颁发的《科技期刊学术类质量要求及其评估标准》中就已经把基金项目论文比作为评估期刊学术质量的一个重要指标,随后国内几家重要的人文社科学术期刊评价系统也相继把基金论文比纳入评价指标行列。由此也引起了学术期刊对刊发基金项目论文的热衷和追捧,很多期刊都明确声明优先刊发国家和省部级基金项目科研论文。有些作者为了迎合期刊的用稿要求、增加基金项目的结项成果,在标注基金项目资助情况时也出现了一些虚假标注行为。

1.基金论文比作为学术期刊评价指标的依据

基金论文比被列入学术期刊评价指标,是基于受基金项目资助的科研论文学术水平普遍较高的先入之见,这一认识是从基金项目一般有着学术价值较高的研究方向、具有优良科研业绩的项目主持人、具备较强科研协作能力和学术水平的科研团队等科研条件而来的。

(1)学术价值较高的研究方向

各类基金资助的课题一般都通过相对严格、层次很高、竞争激烈的课题申报、内容审查、专家评议后方能获得,尤其是国家级的基金资助项目获批的难度非常大。这些基金项目的研究方向一般都属于该专业领域的前沿问题、学术热点和研究难点,其学术研究方向具有较高的学术价值,也昭示着基金项目论文会有较高学术水平的可能性和受关注度。

(2)具有优良科研业绩的项目负责人

各类基金项目课题的主持人具有的优良科研业绩也是最初获得资助的基本条件之一。能够获得如此高级别的科研基金项目,也说明了项目负责人在相关专业领域的科研资历已经达到完成该项目的基本要求和研究水平。从学术研究惯性角度来看,作者具备的科研能力和学术水平也是论文具有较高学术质量的有力保证。

(3)具备较强科研协作能力和学术水平的科研团队

完成重要的基金项目课题需要一支具有较强科研协作能力和较高学术水平的科研团队,在申请基金项目时该课题研究团队的人员构成和研究能力等也同样获得了评审专家的认同,且该科研团队在与课题相关的研究内容上已经有了一定的科研基础,应该说这样的科研团队对于其产出论文的学术水平具有很大的保障作用。

2."基金项目论文水平较高"是可能而非必然

"基金项目论文水平较高"只是一种可能性较大的预测,并不是必然性的结论。有研究表明,基金项目论文与论文学术质量、期刊学术影响没有显著的线性相关关系[①]。虽然基金项目课题有着经过比较严格的基金项目评审、比较优良的科研条件,再加上基金项目资金的投入,客观上具备了产出优质科研论文的较大可能性,但这些也并不能完全保证其产出的论文处于较高水平,其中还存在着很大程度的变数。

(1)基金项目的审批

基金项目论文之所以受关注、被追捧,其根源当然是"基金项目"这个金字招牌。基金项目的评审一般采用定性评价方法,也就是说基金项目的评审结果是一种主观认识得出的结论。即使在理想状态下,评审过程完全公平、公正也不能改变其评审结果的主观本质属性,何况很多时候项目评审是

---

① 陶家柳:《"基金论文优先"辩》,《中国科技期刊研究》2010年第2期。

在缺乏监督和二次评价下进行的,加之我国这样一个人情社会的大背景,"基金项目"的含金量也不是完全有保证的。

(2)课题价值发生变化

课题研究的对象、背景在未完成课题前发生变化,比如电报、呼机、小灵通等不再是主流通信工具,与其有关的研究课题价值就会受到影响。别人发表了与本课题相关的高水平科研成果,特别是研究目标指向相同的成果,也会使课题的研究意义大打折扣。

(3)课题研究的投入程度

课题负责人和科研团队虽然具备完成课题的科研能力和学术水平,但如果课题负责人由于身体欠佳、事务繁忙等原因没有投入足够的精力去研究,或主观上不够重视甚至交给其他人来完成课题,或者科研团队只是为了课题申报临时凑数组建,真正完成课题的并不是当初原定的班底,那么课题论文的水平当然也就难以保证了。

(4)执笔人的学术素养

课题研究需要多个研究者的共同努力,而研究论文也不全都由负责人独自撰写。课题论文执笔人的学术素养不够,其研究水平有限、写作能力较差也会直接影响到论文的学术质量。而课题结项时间的临近更会促使突击发表论文的几率增大,课题负责人对论文质量的把关失察也就更容易发生。

3."基金论文比"作为评价指标产生的负面影响

"基金论文比"被学术期刊评价系统列入评价指标之后,自然也就引起了各家学术期刊对基金项目论文的重视。一些学术刊物在同等情况下优先甚至降低条件、主动约请刊发,使基金项目论文拥有了不是基于其本身学术价值的发表特权,由此也产生了一些负面影响。

(1)侵占了非基金论文的发表机会

在没有基金项目资金支持下完成的高于或等同于基金项目论文学术水平的非基金论文,理应得到优先发表的机会,可如今却连和基金论文同等发表的机会都被褫夺,造成了在发表机会上的不公平,也会伤害非基金论文作者的积极性。

(2)降低了基金项目课题的结项难度

除了一部分基金项目课题是以出版专著作为结项标准外,很大一部分基金项目课题是以在高级别学术刊物发表的学术论文篇数作为结项标准的。把对课题成果的鉴定交付给相关专业权威学术刊物,是寄希望于通过发表渠道对其把关,以提高基金项目论文结项的学术层次。这一设计却由于一些学术刊物对基金项目论文的"放水"而降低了结项难度,也为个别基金项目低质量结项创造了条件。

(3)助长了"只为基金项目而研究"之风

各类科研基金、资助项目一方面为科学研究提供了资金支持,为研究人员改善了研究条件、提高了待遇,但另一方面也助长了"只为基金项目而研究"之风。由于个人申报奖项、评定职称、工资待遇等,单位申报重点学科、重点研究基地、学位授予点等莫不与研究者有无基金项目、有多少基金项目联系在一起,在这样的导向作用下,为了获得基金资助,很多研究人员把自己感兴趣的科研设想扔到一边,去追逐那些自己本不熟悉但获得基金资助可能性较大的科研题目。这种情况本已对科研工作产生了很大程度的不良影响,而学术期刊的优先发表却又为其加了一把火。获得基金项目之后,研究人员发表文章的台阶却降低了,比没获得之前更容易发表论文了,这就进一步增强了基金项目对科研人员的吸引力。

(八) Web 下载率

Web 即年下载率指 Web 即年下载量与当年网上载文量之比,也就是被评价期刊在统计当年刊发、上网并被全文下载的总次数与该期刊当年出版上网的文献总数的比值。Web 即年下载率是与 Web 即年下载量相对应的相对定量评价指标,Web 即年下载率其实就是即年篇均下载量。

Web 即年下载率的设计初衷是测度学术期刊在网络上的社会认可度,

同 Web 即年下载量相比,可以消除不同期刊上网论文数量带来的影响,但其测度效果还是存在一些可指摘之处。首先,一般情况下读者的下载动机来自于通过了解论文的题目和内容摘要而做出的需要下载的估测决定,该论文是否值得阅读、是否符合或超出读者之前的期望并不能从 Web 即年下载率的数值上得到体现。其次,虽然广大研究者非常依赖也较为容易通过网络途径获得科技文献,但由于中国知网、万方数据、重庆维普等数字出版平台付费就可以下载论文,无法限制读者下载之后的私自转让,因此也就无法大致确定每一篇论文被下载后的阅读人数和被阅读次数,这也使得这类指标对学术期刊的社会认可度尚存在一定程度的不可测定性。

学术期刊的社会认可度与学术质量显然不是一个维度的概念。虽然理论上推测,论文被下载的次数越多,其被引用的可能性就越大,但毕竟被下载仅仅是被引用的基础,通过 Web 即年下载率来测度学术期刊的学术质量缺乏让人信服的理由。这就如同通过一个人购买食品的分量、频次来测定一个人的饭量一样,那得建立在每个人都只为自己购买食品,而且大家的食物浪费程度基本相同的前提下。一些研究者曾对 Web 即年下载率与被引指标的相关性开展过研究,结论并不统一,有的认为是低度负相关,也有的认为是低度正相关。这也说明将 Web 即年下载率作为期刊学术质量的评价指标是难以成立的。

(九) 其他相对定量指标

1.互引指数

将统计年度被评价期刊的引用期刊按引用次数降序累积,累积和达到总次数一半时所对应的期刊数被称为被评价期刊的被引集中度。互引指数是指被评价期刊的被引集中度与该期刊所属学科的平均被引集中度的比值,用来分析被评价期刊的被引期刊分布广度的合理程度。

2.学科扩散指标

学科扩散指标是指在某学术期刊评价体系的统计源期刊范围内,被评价期刊的被引期刊数与所在学科全部统计源期刊的数量的比值。主要考察被评价期刊在本学科期刊群的扩散程度。

3.学科影响指标

学科影响指标是指在某学术期刊评价体系的统计源期刊范围内,被评价期刊的被引期刊数与全部统计源期刊的数量的比值。主要考察被评价期刊在整个期刊群体中的影响程度。

4.国外论文比

国外论文比是指被评价期刊在统计时间段内国外作者的学术论文占全部论文的比例。这项指标主要是考察学术期刊与国外学术界的交流程度,其评价指向并不是学术期刊的学术质量。某篇学术论文以及刊载期刊的学术水平如何,应与作者国籍无关。

5.平均作者数

平均作者数是指被评价期刊在统计时间段内的全部作者数量与刊载论文篇数的比值,主要是考察该学术期刊刊载论文的合作研究程度。由于对研究未作出贡献的人员搭车署名的现象较多,这项指标的实际使用意义并不大。

6.发行量平均增长率

发行量平均增长率是以被评价期刊统计年度发行量与相比较年度发行量的差作为分子,以相比较年度发行量和跨越年数的积作为分母,计算出来的发行量平均增长率。

$$发行量平均增长率 = \frac{统计年度发行量 - 相比较年度发行量}{相比较年度发行量 \times 跨越年数} \times 100\% \quad (2)$$

发行量平均增长率主要作为本刊物内部、主管部门或其他相关机构用于成本核算等方面的统计指标使用。

7.引用率

引用率也被称为引文率,比照被引率的公式,引用率的公式可定义为:

被评价期刊的引用率=该刊某统计时间段内的引用量/该刊某统计时间段内的载文量。引用率本来也可以分为"引自率""引他率",引他率又可分为"引他影响因子""引他即年指标"……但是由于引用率在期刊评价体系中的重要性远远比不上被引率,也就没有细分下去的必要。一般所说的引用率其实就是篇均引文频次,也有称之为平均引文率、篇均引用量的,就是指在统计时间内被评价期刊的篇均引用文献量,可测度期刊的平均引用文献水平,是反映被评价期刊学术交流和吸收其他研究成果方面的一个指标。

8.引用半衰期

引用半衰期是指被评价期刊在统计年度的引用行为中,较新的一半的引用发生的时间段,用来测度学术期刊引用文献的新颖度。由于引用文献的新颖度与期刊学术质量明显不存在相关性,所以我们在此不作深入讨论。

9.引他总引比与引自总引比

与被引系列指标中的他引总引比、自引总引比相对应,在引用系列指标里也有对应的引他总引比与引自总引比。引他总引比、引自总引比可以在研究期刊的开放度时使用,在期刊学术评价实践中使用的机会并不大,甚至这两个概念的名称也是笔者自创的。之所以要列在此处,并专门为之起名,主要是因为有的研究者将其与他引率、自引率混淆。为了避免相关概念命名混乱(如引自总引比在一些论文中被命名为自引率,自引总引比被命名为被自引率等),在本书中笔者优先采用已被国内几家重要的评价体系广泛使用的概念名称,并以这些概念名称的命名原则为一些评价体系没有专门命名的概念命名。

引他总引比是指该期刊在统计年度引用其他刊物的总次数与该期刊在统计年度总引用次数的比值,引自总引比是指该期刊在统计年度引用本刊物的总次数与该期刊在统计年度总引用次数的比值。也就是说,引自总引比+引他总引比=1。

在研究中要特别分清"引他总引比—引自总引比""他引率—自引率"

"他引总引比—自引总引比"这三组概念之间的区别,后两组的区别已在本节"被引率"概念的解释中比较过了。

引自总引比与自引总引比的计算公式中的分子是同一个数值,但分母不同:

$$引自总引比 = \frac{被评价期刊在统计年度引用本刊物的总次数}{被评价期刊在统计年度的总引用次数} \quad (3)$$

$$自引总引比 = \frac{被评价期刊在统计年度被本期刊引用的总次数}{被评价期刊在统计年度的总被引次数} \quad (4)$$

引他总引比与他引总引比的计算公式中的分子、分母数值意义都不同:

$$引他总引比 = \frac{被评价期刊在统计年度引用其他刊物的总次数}{被评价期刊在统计年度的总引用次数} \quad (5)$$

$$他引总引比 = \frac{被评价期刊在统计年度被其他期刊引用的总次数}{被评价期刊在统计年度的总被引次数} \quad (6)$$

第二节 定性评价指标的构成

定性评价学术期刊是一种历史悠久、经验丰富、考察全面的评价方法,但由于在学术质量的评价上缺少数量值的明显区别,给人一种不科学、不透明的印象。在引文统计分析方法被引进和普遍推广之后,定性评价方法的影响力似乎日渐式微,但随之而来的定量评价中对数字的崇拜日益严重,甚至到了唯影响因子马首是瞻的程度,学术界和期刊界对此质疑之声不断。我们有必要重新认识学术期刊的定性评价方法,深入分析定性评价指标和评价过程控制因素,将其中的优缺点与定量评价相比照,以便于在实际工作中有针对性地加以利用。

学术刊物的定性评价必须基于各项定性评价指标来进行,各类评价体系根据评价目标的不同自主选择相应的评价指标。学术期刊的定性评价指标主要有政治标准、学术质量、编辑质量、出版质量、社会影响、质量保障水平等。

一、政治标准

政治标准要求刊物坚持正确的舆论导向,全面、准确地宣传党的路线、方针、政策,严格按照办刊宗旨及专业分工范围出刊,促进社会科学的繁荣与发展。

在按照政治标准评价学术期刊,尤其是评价人文社科学术期刊时要注意把握政治原则与学术自由的界限。学术自由是学术繁荣发展的必备土壤,既要反对片面扩大政治标准,对学术观点上纲上线,限制学术研究的争鸣与探索,也要警惕以"学术自由"为幌子,对党和国家的意识形态建设产生消极影响。在刊物政治标准的具体考评上,既可以采用打分制也可以采用一票否决制。一票否决制指的是如果刊物在政治标准上出现了问题,直接取消其参选资格。

二、学术质量

刊物的学术质量来自于刊发论文的整体学术研究价值和学术影响,包括学术理论的构建和创新、学术前沿的探索和突破、科学研究的互通和融合、实践经验的梳理和提炼、对后续学术研究的影响和激活等。刊物的学术质量是评价学术期刊的主要标准,对于长期持续关注本专业领域学术刊物的专家来说,各家参评刊物的学术水平高低在其心中早有大致把握,主要精力可能会集中在水平相近刊物的细致比对和相对陌生刊物的仔细查看上。

对综合性学术期刊学术质量进行定性评价是个难点。在具体实施时,可以将各家期刊在各专业领域刊发论文的比例作为权重,综合各学科专家组对其的评价计算评分,也可以组成跨专业专家组对参选刊物综合讨论评价。不管使用哪种方法,专家组成员最好不要中途发生变化,以保证判断标准的相对持续统一。

三、编校质量

编校质量的评价是考评编辑和校对对刊物所做的贡献度,要求学术刊物体现清晰明确的办刊思路、新颖独特的栏目设置,具有为解决重大理论与现实问题服务的特点;刊物注重学术规范建设,所刊发论文学风严谨;刊文符合学术论文的写作要求,遵守国家语言文字规范和学术期刊编排体例,论文注释和参考文献注引标准化;刊物整体文字差错率控制在较低水平;图表编排和标点符号的使用正确;等等。

四、出版质量

出版质量包括刊物能否按时出版,封面、版式的设计是否得体,刊物印刷精美程度和装订水平的优劣。出版质量是学术期刊直观显性的外在质量呈现,其深层考量是要达到形式与内容的和谐统一。反对将固守过时、老旧的期刊形象作为高深学术的代表面孔,也要防止过度包装而喧宾夺主。

五、社会影响

刊物的社会影响包括刊物的学术影响、行业影响、经济效益、公益贡献等内容。具体体现为刊物在学科领域中产生的促进作用,对学术人才的培养和支持力度;刊物对行业实践的指导价值和意义;促进相关研究成果应用所获得的经济效益;刊物自身的发行收入水平;等等。

六、质量保障水平

质量保障水平包括刊物人员状况、制度建设、工作流程、硬件条件等方面。人员状况指刊物主编的政治素质、业务水平、学术素养和学术声望,编辑人员职称、学历、年龄结构、业务能力等;制度建设指刊物的内部管理制度、审稿制度、用稿制度、考核制度和分配制度等的合理公正程度,是否体现科学管理、鼓励先进的原则,是否建立符合实际需要的用人制度和严格、科学的绩效考核指标体系;工作流程是否科学高效,有没有质量监督和管控设计;硬件条件包括办公用房、办刊经费、图书资料建设、办公设备等是否达标,在编辑、审稿、出版、稿件管理等工作中的现代化程度等。

第三章 学术期刊评价方法分类

评价学术期刊最早是为图书情报工作者确定学术期刊购置范围和读者搜集研究资料广度而服务的,后来又被科研管理界应用于学术评价领域。在相关定量评价方法没有被广泛使用之前,主要采用定性评价方法。在定量评价方法被应用之后,定性评价方法也并不过时,或同定量评价方法一起配合使用,或用于定量评价大致相同情况下的精细评价。尤其是应用于图书馆藏方面的学术期刊评价,由于各类图书馆面向的读者群差异较大,有各自不同的个性化考量,定性评价方法有时反而更为重要。

第一节 学术期刊定性评价方法

定性评价方法的主要优势在于评审人员可以综合多种因素对学术期刊进行全面、直观的考量,主要缺点是评审者依靠主观经验来评价,其中存在着学术认知、个性差异、人情往来、利益输送等不可控因素。尽管如此,在对学术期刊的精细化评价方面,定性评价仍具有很大优势。学术期刊的定性评价方法主要有专家评议法和读者调查法。

一、学术期刊定性评价方法分类

(一) 专家评议法

专家评议法是指通过邀请相关学科、研究领域或研究方向的学术专家按照设定的标准对相关学术刊物进行评价。学术期刊评价体系所选择的评议专家的视野和层次较为高端，应该是在该专业领域内具有较高学术造诣、可以把握本学科领域前沿发展动态、具备较为丰富的期刊评审经验的专家学者。各图书馆或各科研管理机构选择评议专家时，由于评价目的和范围不同，会考虑到评价费用和效率，灵活选择相关人员参加。比如大学图书馆就可以按照学科设置邀请本校或校外相关教授、学者参与评价。在组建评审专家队伍时，除了考虑其对专业领域的前瞻性、敏锐度和观察力外，还应该对专家的个人学术道德和专业方向给予足够注意。一方面是考虑评审人员的工作态度、个人品德、与评审的利益相关性；另一方面在学科细分的大背景下，要关注专家主要研究领域与所评价学科期刊的一致性。尤其是交叉学科的学术期刊评价更应特别注意。综合性学术期刊最好在综合各领域专家意见后再评判。

(二) 读者调查法

读者调查法主要应用于图书馆藏机构确定学术期刊的订购范围，可以通过问卷调查、座谈交流等形式了解图书馆主要使用群体的目标意向，获得某些学术期刊在读者群日常使用中的被利用程度。这种评价方式其实就是用户调查，对于图书馆更好地服务读者、了解读者的阅读期望是非常有意义的。但有时也需要对调查结果进行深入分析，因为读者群体的阅读期望与其整体学术水平有着直接联系，当读者群体的阅读水平整体偏低时，需要结合专家评议法、定量评价法的评价结果来补充在引导阅读方面仅依靠读者调查法的不足。

二、定性评价过程控制

定性评价过程控制主要由评审人员、评价指标、评价标准、评议方法等要素决定,严谨精准的要素选择是评价结果公正的基础。

(一) 评审人员遴选

在定性评价过程中,评审人员的遴选无疑是最重要的一环。期刊评审人员主要来自于主管部门、编辑出版界、图书馆藏界、相关学科专家群、读者群等。政治标准一般应由来自主管部门的专家评价;编辑质量、出版质量和质量保障水平一般应由编辑出版界和图书馆藏界专家评价;学术质量和社会影响一般应由本专业领域专家来评价。由于学术期刊的读者群是高度专业化的小众,一般情况下相关学科专家评审和读者评议可以合并为一。

评审组可以是海量专家参与,也可以由小范围权威专家组成。前者用大量的评价来淹没个别学者的意见偏向,需要依靠专家数据库和计算机辅助遴选;后者主要由评价管理者和专业权威来共同选择评审人员,由于在学科领域有较深造诣的权威专家对学术期刊的认知水平高,也较少有求于特定学术期刊,且时间成本少,因而被广泛采用。当然权威专家的选择也需要仔细甄别,一是评审专家的研究领域应和被评审刊物尽可能切合,尤其是要注意分支学科和交叉学科专家的选择;二是应选择责任心强、学术品德高尚、对学术期刊评价怀有良知的专家参与评审。

在评审人员名单是否公示的问题上也一直存有争议,一方面,公示评审人员名单被认为是评审过程公正透明的重要环节,尤其是评审前的公示可以接受各方面的质询和申诉,有利于尽可能公正地确定最终的评审人员名单;另一方面,公开评审人员名单会给评审人员带来各种压力,招致来自各方面的人情请托,颇受评审人员的抵制。因此目前大都不公开评审人员名单,也就是专家匿名评审,以免招致不必要的麻烦。

(二)评价指标的选择和评价标准的设置

任何一次定性评价过程都必须要选择一项或多项评价指标,在评价指标的选择上要有针对性,避免求全责备。如果要整体评价学术期刊,可以按照多项指标来考评,但各种评价指标在权重上也应有分别。倘若只是评价期刊的学术质量,那么编辑质量、出版质量、质量保障水平等指标要减少权重甚至可以忽略,以免一本印刷精美但学术质量欠佳的期刊堂而皇之地成为重要学术期刊。

评价标准是指在评价指标内划分的等次标准,在评分标准的划分上有两种设计:一种是尽可能具体明确地规定打分标准,而且在标准的划分上越细致清晰越好,引导评审人进行科学有效的评定,减少评审中的不确定性[①],避免在综合专家意见时出现幅度小的打分被幅度大的挟持;另一种是只在大方向上有规定,由专家依靠个人总体感觉来评判,避免陷入细碎考究,影响全面权衡刊物的办刊质量。

(三)评议方式、程序的选择

评议方式一般有通讯评议(通过网络或邮函)、小型会议评议、实地调研、落选申诉等方式,可以根据评审工作量的大小、资金投入的多少、评审周期的长短、评审程序的繁简等因素综合考虑,采用其中一种或几种方式组合来安排评议方式。

在小样本的学术期刊评审时,有时要求专家提供评议意见,帮助期刊在今后的发展中确立努力目标和改进方向。在大范围的评审中,普遍采用专家打分法,包括各自独立打分法、共同讨论评议法、集体讨论单独打分法、德尔菲法等评审方法。

---

① 江虎军、冯雪莲、杨新泉、唐隆华、何建庆:《影响科学基金项目同行评议质量的因素及改进措施》,《中国科学基金》2006年第6期。

1.各自独立打分法

这种方法主要基于评审人员的良好专业素养能为期刊评价带来高度专业化的和有价值的意见。每位专家的打分值可以有相同的权重,也可以根据专家意见的重要性给予不同的权重。集合评委的意见,最后汇总得出一个综合评分值。这种方法的优点在于评委不需要集体开会,节约了会议成本和时间成本;采用匿名和背靠背的方式,使每一位专家可以独立地做出自己的判断,较少受到其他外界因素的影响。

2.共同讨论评议法

评价的最终结果是以评审委员会或小组名义做出决定,所有评审成员都必须就最终决定达成共识。这种方法的优点是大家可以充分讨论,并当场就别人的意见做出反驳或者妥协,有利于各方意见的较快收敛。但如果现场出现一个有强势话语权的人,会对其他评委施加过多的影响甚至强迫别人同意他的意见,就会使最终结果被个别人左右;如果出现两个或更多有话语权的人,评审意见可能会相持不下,就会使最终决定难产。

3.集体讨论单独打分法

集体讨论单独打分法在形式上是前两种方法的结合体,先召开评委会议进行意见交流,然后各自独立打分。评审人员在前期讨论中可以吸收多方观点以修正自己的偏见,避免了讨论当场公开做决定时的随声附和或意见冲突。

4.德尔菲法

德尔菲法的形式是由组织者向每位专家组成员单个通信联络,专家之间背靠背发表意见,组织者在对专家意见进行整理、归纳、统计后,将结果再反馈给各位专家,再次征求意见,如此反复多次直至得到一致的意见。德尔菲法的优点在于专家组成员在完全匿名的情况下交流思想,可以消除权威的影响。其不足之处在于:一是过程比较复杂,花费时间较长;二是议题不能太复杂,那样会导致意见难以实现集中。

第二节　学术期刊定量评价方法

学术期刊定量评价方法可以分为四类,第一类是将学术期刊关于某领域相关论文的刊载数量作为出发点,其目的是用最少量的期刊获得最多数量的相关论文,主要为图书馆藏和读者获得研究资料服务,有布拉德福定律测定法、累积百分比测定法、文献百分比测定法等;第二类是以学术期刊的流通和使用量作为评判依据,有流通利用测定法等;第三类是从学术期刊所刊载论文的学术影响来评价学术期刊的学术地位和学术水平,主要为期刊学术质量评价和高端研究者高效阅读提供服务,有摘转统计测定法、引文分析测定法等;第四类是多指标综合测定法,是综合使用以上若干种测定方法,以期获得优点最大化的测定方法。此外还有一些其他类型的评价方法,由于目前尚处于研究阶段,还没有被实际期刊评价工作采用,故暂不论及。

一、布拉德福定律测定法

学术期刊评价的直观效果就是把学术期刊划分出等次序列。目前最通用的方式就是划分出核心期刊(或称来源期刊)群和非核心期刊(或称非来源期刊)群。在学术期刊群中划分出核心期刊区、相关期刊区和外围期刊区,这是英国文献学家布拉德福首先提出的,布拉德福文献离散定律也为这种划分提供了理论上的依据。

由于布拉德福文献离散定律来自于对学术期刊载文数量的分布规律的经验总结,并不关涉具体学术期刊和所刊载论文的学术水平,应用布拉德福定律测定法测定的是刊载相关论文数量较多的核心期刊区,并不是学术质量较高的核心期刊区。当然,刊载某学科或某专题相关学术论文较多的期刊,由于容易获得相关研究者的关注和投稿,刊发论文的选择范围较大,也会促进该期刊学术质量的提高。这也是早期通过布拉德福定律测定法确定的核心期刊会被应用到科研评价领域中的主要原因。即便如此,本质上来说"量大"并不等同于"质高"。

布拉德福定律确定法可以分为列表划分法和曲线分析法。

(一) 列表划分法

依据布拉德福文献离散定律可以将任何个一学科或专题的相关学术期刊按其刊载相关论文数量的多少递减排列,并按照其数量关系划分为三个或三个以上区域,条件是这些区域的期刊分别刊载的论文数量大致相近,各区域学术期刊数量呈 $1 : n : n^2$……的数量关系。第一个区域内的学术期刊就被命名为该学科或该专题的核心期刊群。

(二) 曲线分析法

布拉德福文献离散曲线(如图1.1)是以论文的累积和作为纵坐标,以期刊数量的对数值作为横坐标得到的一条曲线。该曲线中起始弯曲部分与近似直线的连接点即为分界点,分界点前的弯曲部分对应的就是核心期刊区,这也是布拉德福本人对此做出的解释。根据某学科或某专题相关期刊刊载论文数的统计数据,我们同样可以绘制某学科某专题的学术期刊的布拉德福文献离散曲线,找出临界点,通过曲线划分出核心期刊区。

二、累积百分比测定法

将与某学科相关的学术期刊按照选定时间段内各自刊载该学科相关论文的数量递减排列,并计算出每家刊物载文数量与全部刊物相关学科论文数量的比值,以百分比表示。将这些百分比按照排列顺序叠加成累积百分比,如:

$$\text{前4种期刊的累积百分比} = \frac{\text{前4种期刊相关论文的累积载文量}}{\text{全部刊物相关论文数量}} \times 100\% \quad (7)$$

当累积百分比达到一定数值时,之前的学术期刊即是"核心期刊"或"重点期刊"。累计百分比的数值一般被定为80%,即刊载该学科约80%相关论文的学术期刊群被划为核心期刊区。这一方法是由美国的学者霍金斯·D.T首创,也被称为"积累80%法"。

累积百分比测定法简便易行,但本质上与布拉德福定律测定法一样,依然是把相关学术刊物的载文数量多少作为判断标准。

三、文献百分比测定法

布拉德福定律测定法、累积百分比测定法都是以学术期刊刊载相关论文的绝对数量作为测定的基本数据,而文献百分比测定法考量的则是学术期刊刊载相关论文占该刊物载文量的相对值。具体方法是将与某学科相关的学术刊物以一定时间段内相关论文数量占该刊载文量的百分比来递减排列,从中截取适当的百分比值作为界限,百分比高于此界限的学术期刊群即为核心期刊区。

布拉德福定律测定法与累积百分比测定法只重视相关论文绝对数量、不考虑相对数量,而文献百分比测定法对载文量较小的学术期刊同样给予关注,但同时也就不像前两种方法那样能体现最大程度获得相关论文数量的主旨。

四、流通利用测定法

流通利用测定法是由各类图书馆通过对其馆藏的某学科各相关学术期刊在一定时间段内的借阅次数、复印次数等使用量进行统计,按照次序递减排列,从而得到流通利用量较高的学术期刊群。

流通利用测定法虽然对于指导各类图书馆的期刊购置工作非常简单实用,但也存在着一些问题。如被测定的期刊只能是本图书馆的已有刊物,未购置期刊的数据无法获得;流通使用量的统计很难准确,有借而未读、一借多读等情况;专深学术期刊一般情况下流通利用率较低,以此确定期刊订购目录不利于高水平读者获得所期望阅读的学术期刊等。

五、摘转统计测定法

摘转统计测定法是以一种或多种二次文摘期刊对某学科各相关学术期刊在一定时间段内的被摘量(全文转载、观点摘编、篇目索引的数量),或被摘率(被摘量与该刊载文量的比值)作为测定数据递减排列,其中被摘量或被摘率较高的期刊群被划定为核心期刊区。

被摘量、被摘率都是学术期刊刊载论文学术水平的评价指标,与布拉德福定律测定法、累积百分比测定法、文献百分比测定法三种评价方法最主要的不同之处是,摘转统计测定法测定出来的是基于学术质量评价的核心期刊区。当然,二次文摘刊物摘选标准不完全是看论文的学术水平,文摘编辑的选文水平、主观倾向等因素一定程度上也影响到了摘转统计测定法的应用效果。

六、引文分析测定法

引文分析测定法是将某学科相关学术期刊按照被引指标——如影响因子、即年指数等数值递减排列,按照一定标准截取的期刊群即为该学科的核心期刊区。由于引文指标众多,引文分析测定法一般选取几种指标并分别分配一定比例的权重,然后再以综合计算后的数值排序。引文分析测定法被认为是目前最具科学性的期刊学术质量评价方法,各大学术期刊评价体系划定核心期刊(或称来源期刊)区时主要采用的就是引文分析测定法。

一方面,引文分析测定法依赖的文献引用一定程度上被认为是该文献获得了同行评议的认可所引发的行为结果,这种认可与论文的学术水平的确存在着较大的正相关性,即使一部分文献引用行为有遗漏、作伪和非相关性,且这种认可的程度更多表达的是该文献的"有用"性和关注度;另一方面,可供引文分析测定法使用的引文数量巨大,这样庞大的引文数量为使用数理统计为主要手段的引文分析测定法提供了海量的统计基础型数据,计算机的应用又为其进行如此烦琐的统计提供了强有力的保障,从而使得引文分析测定法的统计结果的真实性、准确性具有较为可靠的依据,也就是说,这种同行评议的认可度由于有了海量数据的支撑,使得引文分析测定法成为目前被广泛使用和最为行之有效、简便快捷的定量评价学术期刊的主要方法。

七、多指标综合测定法

测定核心期刊的各种定量评价方法,除了测定目标指向不同之外,在测定手段上也各有优缺点。在学术期刊的评价实践工作中,往往选用几种测定方法取长补短、互相结合使用,需要通过多种测定方法的综合使用来尽量准确、有效地实现评价目的。目前各大学术期刊评价体系基本上是通过使用单项定量评价测定方法获得数值后,再综合多项指标筛选排序,辅之计算机综合统计分析,获得学术期刊的定量指标综合评价排名表。

根据对定量评价指标数据的综合处理方法,多指标综合测定法可以分为求逻辑和法、加权平均法、模糊数学法、层次分析法、主分量分析法等。有些多指标综合测定法已经在实践工作中被广泛使用,有些目前还处于提出设想阶段和研究阶段。综合评价方法在实现多角度评价、消减片面性的同时,也容易出现由于过分求全责备导致的评价结果非驴非马、不伦不类,尤其是当评价目的与选用综合评价方法、评价指标不对应,或在评价指标权重分配上不合理,或评价过多依赖于数量计算时,其评价程序再科学合理也难以获得令人信服的结果。同时,多指标综合测定法由于计算过程复杂,也有工作量较大的弊病。

第三节　学术期刊定性定量相结合评价方法

定性定量相结合的评价方法目前被认为是把定性和定量评价的优点最

大化的评价方法,也在实际评价中被广泛应用。有的是综合评价包括政治标准、学术质量、编辑质量、出版质量、社会影响、质量保障水平等在内的学术期刊的整体办刊水平,如学术期刊主管部门的评奖、评优活动;有的是兼顾学术质量和读者使用效果,如普通图书馆的馆藏刊物订阅选择;有的虽然是仅服务于其中一项,但也希望通过定性定量相结合的评价方法来尽量准确、有效地实现评价目的。在各大学术期刊评价体系中,基本上是通过使用多指标综合测定法获得学术期刊综合指标汇总排序后,结合专家评议等定性评价方法,获得最终评价结果。

为学术期刊的学术质量做评价服务是当下各大学术期刊评价体系的主要设计目的,也是学术评价体系受到重视的原因,所以我们把讨论的重点放在学术质量的综合评价方法上。

一、学术质量的定性评价与定量评价

评价的本质是人对事物和现象所作的主观价值判断,评价的结果可能是公平、公正的,但绝对不可能是客观的,学术期刊的评价当然也不列外。学术期刊的定量评价主要来自于被引指标的统计,是对微观同行评议个例的宏观计量,本质上还是定性评价,依然属于主观判断性质。虽然对评价结果的解释可以有各种自圆之说,但并不能说主观判断就没有高低之分,主观判断的高低之分在于是否有失公允,是否符合大多数人的期望。

(一) 定量评价的"错位"

学术期刊的定量评价目前主要用于对学术质量的考察,主要通过使用引文分析测定法计算出的总被引频次、影响因子、即年指标等计量指标来考评刊物。明确的数值比较使得过去饱受手续烦琐、人情往来等争议的学术期刊定性评价变为操作简便、可排序比对,定量评价方法因而得以大行其道,深受科研管理部门的欢迎并被广泛采用。

目前,期刊学术质量定量评价主要依据的是刊物间的引用行为。引用行为只是标示研究者在学术研究过程中受到某文献的足够影响,但影响效应、扩散程度和显示度本身并不是论文学术水平的直观呈现方式。用影响力和扩散度来衡量刊物的学术质量其实是一种"错位",而且将引用行为同一对待无法体现出引用行为性质的千差万别。在实际操作中,引用行为也受到各种不正当引用因素的干扰,这些因素都会影响到刊物学术质量评价的可印证程度。这也是引文分析法应用到学术评价领域一直存有争议的主要原因。

(二)定性评价的不确定性

学术期刊的定性评价毕竟是刊物学术质量在认识上的投射,在本质上优于定量评价学术期刊带来的"错位"效果,符合期望的定性评价还有赖于在评价过程控制中各环节的完美表现,但在实际工作中却不可能做到尽善尽美。

1.评审成本

评审成本包括资金成本、人员成本、时间成本等。定性评价过程要向评审人员支付报酬,举办评审会议需要支出食宿费和其他会议费用;相关工作人员为此要投入精力和时间,进行评审的筹备、开展和汇总等工作。

2.评审人员的学术水平和主观倾向

即使是从专家数据库中随机遴选评审专家,评审组织人员对评审领域非常熟悉、对评审工作有责任心,也不能保证最终选择的专家能够完全胜任评审工作。有些专家的知识面、学识与影响力不符,缺乏全局视野和前瞻性,学术观点落后保守,其评审意见自然会偏颇。

在定性评价过程中,评审人员完全依靠主观学术直觉独立进行价值判断,掺杂个人利益在内的主观偏向会或多或少存在,在程序上可以通过多人多次评价来消减这些偏向。但在实际评价工作中出现的权威主义、人情关系、利益驱使、盲目服从多数等不良倾向,会严重侵蚀评审结果的公平公正。定性评价实行的是科学民主制度,意味着不徇私情,而科学民主制度与人情交往在原则上是格格不入的。人际关系在评审过程中会表现出合作和对抗两种方式:评审人员相互或多人合作,结成临时利益联盟,互相给对方的目的刊物打高分,使特定刊物在评审中拥有优势;评审人员也可能由于与被评审刊物主办者存有个人恩怨,邀集同情者打压目的刊物。已经有研究者提出对专家评议状况进行评估,通过评估指标对专家进行排序。部分科学基金项目也已建立了对同行评议专家的评估,以便于筛选出重点评审专家,增强评审工作的公正性[1]。

3.评审管理者的责任心和组织水平

定性评价完全是人为操作,评审管理者虽然隐于幕后,但在评审人员、评审标准、评审程序的选择安排上,其实是具有超越评价的管理权力的。不管是通过专家数据库检索还是专业权威协助遴选评审人名单,不管是多方征求意见还是由专业机构制定评审标准和程序,评审管理者都拥有最终确定权。如果评审管理者责任心不够、组织水平有限,必然会反映到定性评价的最终结果上。评审管理者若选择专业能力不够或听命于自己的评审人,以及在评审标准和程序上故意不合理设置,都会使定性评价在实施的第一步就走向异化。

(三) 两种评价效果与学术质量的印证关系

对学术期刊学术质量的正确评价,只能来自于定性评价各环节的公平公正实施。由于评价的主观判断性质,即使是同样的参选期刊名单,在保证过程控制因素同等水平的情况下,不同的专家评审组评价结果也不能保证完全一样。也就是说,学术质量的评价没有可重复验证性。

---

[1] 谷瑞升、张飞萍、李永慈、于振良、杜生明:《国家自然科学基金专家评议状况评估初探》,《中国科学基金》2005年第5期。

为简单直观地说明学术期刊学术质量定性评价与定量评价的关系,笔者将多维度的期刊学术质量评价以平面域的形式表示在图3.1中。

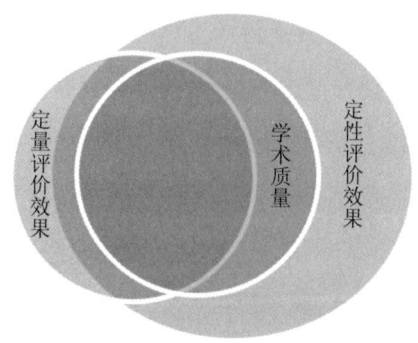

图 3.1 学术期刊学术质量定性评价与定量评价比较的示意图

定量评价由于其与生俱来的与刊物学术质量反映的"错位",以及无法克服和难以校正的人为错误引用干扰,其实际评价效果虽然与刊物学术质量有比较明显的相关性①,但依然存在着无法完全反映刊物学术质量的缺憾,比如一篇后来被公认为非常具有学术价值的论文并没有在评价时限内被大量引用,从而也影响到对刊物学术质量的定量统计。

从期刊学术质量的实际评价来看,定量评价效果的"错位"是公认的,从而在选用时是可控的,而定性评价效果的"不确定性"是不可控的,定性评价效果的"不确定性"范围远大于定量评价效果的"错位"程度。公平公正的定性评价效果优于定量评价效果,但不公平公正的定性评价却远劣于定量评价效果。依据定量评价数据获得的期刊学术质量排名出现的不合理之处,我们可以寻找出原因进行后续调整,实践证明这种调整有时也是非常必要的。如个别在学界非常有影响力的刊物由于曲高和寡,在定量评价上的表现与实际学术质量有差距,可以通过加权等方式加分。学术期刊的定性评价结果却是难以改变的,评价背后的人为操作、不合理程序设置等带来的最

---

① 〔美〕尤金·加菲尔德:《引文索引法的理论及应用》,侯汉清等译,北京图书馆出版社2004年版。

终评审结果很难找出其原因,而这种定性评价结果有时与真实情况相去甚远。

定量评价所具有的各家学术期刊引文数据库的成年累月的统计、各种评价指标的精心设计和使用起来的简便易得,与定性评价的高成本、程序繁琐和不确定性相比具有非常大的优势,以至于在时下的期刊学术质量评价上占据了统治地位。定性评价在定量评价无法介入的政治标准、编辑质量、出版质量等评价方面仍然使用,在对学术质量进行高端、精细的评价时还是需要依靠定性评价方法,仅依据定量评价指标的细微数值差异显然无法看出刊物间的真实差距。对定性评价和定量评价片面夸大或缩小其评价功能都是不可取的。定量评价学术刊物不是最好的也不是最坏的评价方法,其使用优势在于简便易行和与学术质量的较大相关性。

二、定性与定量相结合评价方法分类

定性定量相结合的评价方法目前被认为是把定性和定量评价的优点最大化的评价方法,也在实际评价中被广泛应用。目前在期刊学术质量评价中,定性定量相结合的评价方法主要有定量指标加权法和调整定量指标排序法两种。现有的定性定量相结合评价并没有从根本上消除定性和定量评价原有的缺点,离众望所归的权威方法还有距离。调和也好,折中也罢,其毕竟是在综合两种评价方法之后的积极尝试。对学术期刊的高质量评价是关乎科学研究持续繁荣发展的重要一环,对此进行深入的理论研究和实践探索者众多。如何对学术期刊的办刊质量实施更科学有效的评判,还有待探索。

(一)定量指标加权法

定量指标加权法主要是对已有的定量评价数据分类加权后,再进行一轮加权后的定量指标排序。这种方法在本质上依然是定量评价,不可能改变定量数据不是学术水平直观呈现的"错位"现象,有时甚至还会让这种"错位"进一步加深。定量指标加权法的出发点是让定量评价的"错位"尽可能向完全反映学术质量的方向靠拢,在一定程度上也实现了部分目的。如某学术期刊评价系统对其选用的若干个国内学术期刊定量评价数据库提供的数据进行加权,然后综合计算得出期刊学术质量排名表。

(二)调整定量指标排序法

调整定量指标排序法主要是在使用定量指标综合评价方法获得学术期刊排名的基础上,按照定性评价适当给予调整。其本质依然属于定性评价,依然存在着定性评价中人为因素的不可控性,有时反而使这种不可控性拥有了数据方面的支撑。但调整定量指标排序法毕竟是对完全定性评价的一种改良,在一定程度上会对定性评价的"不可控性"有所限制。如在评审时向评审专家群提供学术期刊定量评价数据,由专家依据已有排名提供调整意见,并对该项调整作出相关说明,这样就对其主观评审设置了调整范围和难度,也尽可能地保证了调整有理可循。

第四章 中文人文社会科学学术期刊评价体系分析

学术期刊是新闻出版事业的重要组成部分,又是获取科学研究文献资料和科研成果发布的主要平台。学术期刊的使命是鼓励学术研究、促进学术交流、引导知识创新、推动人类文明进步。学术期刊以其出版周期短、时效性强、传递信息快、内含信息量大、知识可靠性强等优势,受到广大科研工作者的高度重视。新中国成立后,特别是改革开放以来,我国的学术期刊出版业蓬勃发展,成为世界学术期刊大国。1949 年我国仅有期刊 257 种,总印数约 2 000 万册;2009 年期刊数达到 9 851 种,总印数约 31.53 亿册[①]。学术期刊数量也从 1976 年的约 300 种激增到目前 5000 多种[②]。

中文人文社科学术期刊评价体系大致分为五大类,第一类是以北京地区高等院校期刊工作研究会和北京大学图书馆共同研制的《中文核心期刊要目总览》、南京大学中国社会科学研究评价中心研制的《中文社会科学引文索引(CSSCI)来源期刊》、中

---

① 李频:《共和国期刊 60 年》,中国大百科全书出版社 2010 年版第 364 页。
② 尹玉吉:《新中国 60 年学术期刊事业回眸》,《四川理工学院学报》(社会科学版)2012 年第 4 期。

国社会科学院文献信息中心研制的《中国人文社会科学核心期刊要览》等为代表的专业机构的评价体系,第二类是以原国家新闻出版署"中国期刊方阵"、教育部"高校哲学社会科学名刊工程"等为代表的国家有关部门和各省市新闻出版主管部门建立的政府评价体系,第三类是以全国高等学校文科学报研究会的《中国人文社科学报核心期刊概览》等为代表的行业学会开发的评价体系,第四类是以中国人民大学书报资料中心、人文社会科学学术成果评价研究中心的《"复印报刊资料"重要转载来源期刊》等为代表的二次文摘刊物的学术期刊评价体系,第五类是以中国知网《中国学术期刊影响因子年报》、万方数据《中国科技期刊引证报告》等为代表的网络资源统计数据库的学术期刊评价体系,此外还有其他学术期刊主管部门的评奖、评优活动等。

第一节　专业机构研制的期刊评价体系

以北京地区高等院校期刊工作研究会、北京大学图书馆研制的《中文核心期刊要目总览》、南京大学中国社会科学研究评价中心研制的《中文社会科学引文索引》(CSSCI)、中国社会科学院文献信息中心研制的《中国人文社会科学核心期刊要览》(CASS)为代表的专业机构研制的学术期刊评价体系,是学术期刊评价体系的重要组成部分,对其研制目的、学科设置、评价指标、筛选方法进行研究和比较,是研究人文社会科学学术期刊评价体系的重要内容。

一、《中文核心期刊要目总览》

《中文核心期刊要目总览》(以下简称《总览》)是我国第一次大规模使用文献计量学方法对中文期刊进行统计分析的研究,学科类目涵盖全部学科知识体系,由北京地区高等院校期刊工作研究会和北京大学图书馆共同发起研究、主持编制,北京大学出版社出版,至今已出版六版:由庄守经主编的第一版(1992年出版),由林被甸、张其苏主编的第二版(1996年出版),由戴龙基、张其苏、蔡蓉华主编的第三版(2000年出版),由戴龙基、蔡蓉华主编的第四版(2004年出版),由朱强、戴龙基、蔡蓉华主编的第五版(2008年出版),由朱强、蔡蓉华、何峻主编的第六版(2011年出版)。其中,第二版获得了北京大学科研基金项目支持,第三版作为原国家教委人文社会科学研究"九五"规划项目"核心期刊的文献计量学研究"的子课题之一"中文核心期刊的文献计量学研究"的研究成果,第四版作为国家社会科学基金项目"学术期刊评价及文献计量学研究"的子课题之一"中文核心期刊评价研究"的研究成果。

《总览》的编制工作动员了大量相关科研单位和专家,第一版参与研制人员200余人,参评学科专家420位,来自129个单位;第二版参与研制人员200余人,参评学科专家288位,来自114个单位;第三版参与研制人员148名,参评学科专家215位,来自105个单位;第四版参与研制人员111名,参评学科专家1 871位,来自1 220个单位;第五版参与研制人员102名,参评学科专家5 529位,来自3 283个单位;第六版参与研制人员108名,参评学科专家8 253位,来自4 155个单位。[①]

(一)《总览》的研制目的

《总览》在社会各界尤其是学术界受到的意想之外的关注以及产生的巨大影响,让《总览》的研制方感受到了学术期刊评价体系的重要性和《总览》肩负的社会责任、学术使命,《总览》的研制目的也随着社会需要发生着改变。

1.研制《总览》的初衷

改革开放政策不仅带来了国家的经济繁荣,也激发了科技文化等各个领域的生机,同时我国的期刊业进入了快速发展阶段,期刊数量激增。期刊

[①] 朱强、蔡蓉华、何峻:《中文核心期刊要目总览》(2011年版),北京大学出版社2011年版。

数量的增加对于知识信息的传播和科技文化的交流当然是一件好事,但随之也出现了有限经费的使用效用偏低、存储利用空间的不足、读者时间精力所限无法全部阅读等问题。《总览》第一版正是应解决这些现实问题的需要,为了向各级各类图书馆提供采购目录和指导读者阅读利用而研制的。在《总览》第一版的"前言"中专门提到这一点:"严峻的形势迫切要求人们对为数众多的期刊加以系统的研究,认真地鉴别它们的水平与质量,了解它们在所涉及的学科或专业中的地位与作用,以便于各图书馆有选择地收藏与剔除和有计划地管理与开发利用,也便于读者从期刊的海洋中探寻他们所需要的信息。因此,运用文献计量学的方法筛选、确认各学科的核心期刊,已成为图书馆界和情报界的当务之急"[1]。

2. 扩展研制目的

随着时间推移,学术领域会出现新学科、新领域、新热点,学术期刊有创刊、停刊的,有改刊名、刊期的,尤其是刊物的办刊质量和水平也会发生变化,需要新一版的《总览》来反映现状。随着《总览》版次的更新,其研制目的也在不断微调。《总览》第二版的"本版前言"在第一版的研制目的基础上增提了三条新想法,这三条新想法虽然是在介绍第一版在社会上产生的反响和应用时出现的,但也反映了研制方的新设想。一是"促进了中文期刊编辑和出版质量的提高",二是"不少大专院校和科研院所的学位管理和职称评定部门也将《总览》所列核心期刊作为依据,评价有关人员所发表的论文的质量",三是"广大学者也极为重视《总览》所列核心期刊,把它们作为选读高质量文献和发表自己研究成果的对象"。第二版还专门提到:"有的学位授予和职称评定部门根据本身的业务要求,对核心期刊作一定的增删,制定出作为本部门评价有关学科论文质量依据的期刊表,这可能是比较恰当的做法。"这表明从第二版开始,《总览》从原有的主要为图书馆和读者服务的研

---

[1] 庄守经:《中文核心期刊要目总览》(1992年版),北京大学出版社1992年版。

制目的转向也为学术评价服务。①

《总览》在学术评价中的应用在获得好评的同时也惹来一片讨伐之声，为消除误解，研制方在《总览》第三版的"中文核心期刊的文献计量学研究报告"中专门解释道："中文核心期刊表只是一种参考工具书，这里要特别强调'参考'二字。当文摘刊物选择文献源、图书馆选购期刊和为读者导读、教师和研究生查找资料和选择读物、科研管理人员进行研究成果评价工作时，都可以把相关学科的核心期刊表作为选择的'参考'。'参考'的意义在于根据各自的需要做增删修改，而不是一成不变地搬来使用。"可以看出，在研制目的方面第三版又增添了为二次文摘刊物提供选择文摘源期刊这一项。对于社会上争论最为激烈的《总览》在职称评定上的使用，《总览》第三版专门讲道："尤其是在评定职称的问题上，一定要依据评定的专业范围、学术级别等具体情况自己定出适合于本单位的'重要期刊表'，而不应不加选择地搬用核心期刊表。不同级别、不同性质的专业人员都用同一个核心期刊表评定职称，显然也是不合理的。"在《总览》第三版里，研制方把研制目的归结为向社会提供参考工具书，表述为"核心期刊表的价值在于它能面对有各种不同需求的不同层次用户，而用户们'参考'核心期刊表，经过甄别后选定自己需要的期刊，才是正确使用核心期刊表的方法，才能使它真正产生社会效益。向社会提供一种'参考工具书'，这便是我们研究并筛选核心期刊的初衷"②。

《总览》第四版把在第三版中所说的研制"参考工具书"的目的具体化为七个方面：一是"核心期刊表可以作为期刊采购的参考工具"，二是"核心期刊表可以作为图书馆导读和参考咨询的参考工具"，三是"核心期刊表可以作为评价学术研究成果的参考工具"，四是"核心期刊表可以作为读者投稿的参考工具"，五是"核心期刊表可以为文献数据库选择来源期刊提供参考依据"，六是"核心期刊表对提高期刊质量有促进作用"，七是"核心期刊研究

---

① 林被甸、张其苏：《中文核心期刊要目总览》（1996年版），北京大学出版社1996年版。
② 戴龙基、张其苏、蔡蓉华：《中文核心期刊要目总览》（2000年版），北京大学出版社2000年版。

对文献计量学研究有促进作用"。

(二)"核心期刊"的界定

虽然"核心期刊"这个概念在20世纪70年代就已经被引入我国,应该说是《总览》让"核心期刊"这一概念深入人心的,《总览》对"核心期刊"的认识也在各版次的编制说明中有所变化。

《总览》第一版对"核心期刊"的概念是这样解释的:"我们所说的核心期刊,指的是刊载某一学科(或专业)有关的信息较多,且水平较高,能够反映该学科最新成果和前沿动态,受到该专业读者特别关注的那些期刊。这里的核心期刊概念与通常所说的'馆藏重要期刊'或'馆藏核心期刊'并不相同,馆藏重要期刊或馆藏核心期刊应根据各馆读者群的需求而定,同时还得考虑到该馆馆藏的长远建设方针、该馆的经济能力以及馆藏空间等诸多因素,不同的图书馆自应有所差异。某学科的核心期刊则只考虑现时该学科的信息在期刊中的分布状况,并不考虑某一读者群的特定需要以及各馆的特殊情况。我们编制这部核心期刊表,其用意之一即是为各图书馆确定自己的馆藏重要期刊或馆藏核心期刊提供便利"[1]。

《总览》第二版又对"核心期刊"概念做了进一步说明:"'核心期刊'的概念不同于'优秀期刊',因为两者评价标准不同。某些发行量很大、深受读者欢迎的期刊,并未进入本书的'核心区',而本书的核心刊,不一定都被评为优秀期刊"[2]。

《总览》第三版回顾第一版对"核心期刊"的定义,认为"这样定义的核心期刊,只是个理想概念。由于统计工具(检索性期刊或数据库)总是存在这样或那样的问题,筛选方法总是有这种或那种缺陷,因此实际筛选出来的核心期刊只能从总体上大致反映学科期刊的状况。排序不可能完全准确,还会有某些重要刊物被遗漏,更重要的是核心区与非核心区之间并无客观

---

[1] 庄守经:《中文核心期刊要目总览》(1992年版),北京大学出版社1992年版。
[2] 林被甸、张其苏:《中文核心期刊要目总览》(1996年版),北京大学出版社1996年版。

存在的界线"①。

《总览》第四版对"核心期刊"概念的定义变得更为具体化,"某学科核心期刊是指发表该学科论文数量较多,文摘率、引文率、读者利用率相对较高,在本学科学术水平较高、影响力较大的那些期刊"②。《总览》第五版重复了第四版对"核心期刊"的定义。

《总览》第六版又重新整合了定义,把第一版"核心期刊"定义中的"能够反映该学科最新成果和前沿动态、受到该专业读者特别关注"这两款定义又加进来,把以前各版次"核心期刊"定义中"学术水平较高"去掉,表述为:"刊载某学科(或专业)论文较多,能够反映该学科最新成果和前沿动态,使用率(包括被引率、文摘率、流通率)较高,学术影响力较大,受到该学科(或专业)读者重视的期刊。"

(三)《总览》的学科设置

对期刊进行评价,首先需要考虑的是对期刊所属学科的设置。分学科评价期刊不仅是出于使用目的和实用效果的实现,还缘于期刊本身的分布具有明显的学科特征。关于学科的设置,《总览》以《中国图书馆图书分类法》作为主要依据,这是由于我国多数文献检索工具采用《中国图书馆图书分类法》对期刊文献进行分类,可以方便采集各学科的统计数据。③ 但《总览》是基于相当规模的源期刊数量来截取核心期刊,而源期刊数量并不是按照《中国图书馆图书分类法》的类目来平均分布的,为此《总览》参考了我国各类高等院校专业设置情况和各学科文献量的多少,对学科类目做了调整。

1. 学科的设置原则

《总览》第一版对学科设置是这样介绍的:"一般说来,我们对理、工、农

---

① 戴龙基、张其苏、蔡蓉华:《中文核心期刊要目总览》(2000年版),北京大学出版社2000年版。
② 戴龙基、蔡蓉华:《中文核心期刊要目总览》(2004年版),北京大学出版社2004年版。
③ 同上。

等大类的学科划分较粗,基本上分到该分类法上的二级类目;医学的划分较细,大致分到该分类法的三级类目;人文科学和社会科学的划分则有粗有细。为了避免重复,如果选了该分类法的上位类,一般不再选它的下位类。但也有某些例外,如我们在 C91 社会学类之外又安排了一个 C912.5 民族学的类目;在有了一级学科 Q 生物学类目之外,又给出了它的下位类 Q94 植物学、Q95 动物学和 Q96 昆虫学三个类目。我们期望这样设置的核心期刊表能更具实用性,至于这样的划分是否得当尚有待实践的检验"[①]。《总览》第四版整合前三版的学科设置对评价效果的影响,首次总结了学科的设置原则:"学科划分对核心期刊评价结果影响很大,学科划分过大,小学科学术性强的期刊会被淹没;学科划分过细,小学科的一般性期刊就会进入核心区。因此划分学科时要考虑多种因素,如学科体系的科学划分、学科的期刊数量、期刊的性质等。学科类目划分既不能太粗,又不能太细,要包含一定数量的学科期刊群,以保证核心期刊表的合理性和准确性。《中文核心期刊要目总览》在研究过程中,根据上述原则不断对核心期刊表的学科分类进行调整,以期达到最佳效果"[②]。第五版在学科设置原则方面基本重复了第四版的内容,增加了"为了解决综合性期刊很难进入专业性核心期刊表的问题,还要设置一些综合性类目"[③]。第六版的学科设置原则与第五版相比没有变化,但文字表述更为清晰和完整。

2. 学科设置的调整

研制第二版时根据第一版的反馈意见对类目做了一些微调,扩大了一些小类的学科范围。第三版针对部分较高学术水平的综合性期刊按照现有学科划分规则难以进入核心区的问题,专门增设了文科综合、科学技术综合、医药卫生综合、农业科学综合四个类目。第四版又增设了"综合性经济学""军事""自然科学总论"三个类目,并对个别类目进行了调整,如将"马

[①] 庄守经:《中文核心期刊要目总览》(1992 年版),北京大学出版社 1992 年版。
[②] 戴龙基、蔡蓉华:《中文核心期刊要目总览》(2004 年版),北京大学出版社 2004 年版。
[③] 朱强、戴龙基、蔡蓉华:《中文核心期刊要目总览》(2008 年版),北京大学出版社 2008 年版。

列主义毛泽东思想""政治理论""国际政治""中国政治"四个核心期刊表容易交叉重复的类目合并为"政治学"一个类目。第五版又取消了"军事"类目,这是由于这一类目涉及保密信息等原因,所以在数据采集和征聘评审专家方面存在困难。

3.学科类目

《总览》第一版分为五编(哲学、人文科学和社会科学,自然科学·基础部分,医药、卫生,农业科学,工业技术),共计131个类目。第二版分为七编(哲学、社会学、政治、法律,经济,文化、教育,自然科学,医药、卫生,农业科学,工程技术),共计130个类目。第三版分为七编(哲学、社会学、政治、法律,经济,文化、教育,自然科学,医药、卫生,农业科学,工业技术),共75个类目。第四版分为七编(哲学、社会学、政治、法律、军事,经济,文化、教育、历史,自然科学,医药、卫生,农业科学,工业技术),共74个类目。第五版分为七编(哲学、社会学、政治、法律,经济,文化、教育、历史,自然科学,医药、卫生,农业科学,工业技术),共73个类目。第六版的学科分类和类目设置与第五版完全相同(见表4.1)。

表4.1 《总览》各版学科类目数量统计表

版本	第一编	第二编	第三编	第四编	第五编	第六编	第七编	合计
1992	61			16	17	11	26	131
1996	19	18	26	16	14	10	27	130
2000	10	9	10	13	6	9	18	75
2004	8	8	10	14	6	9	19	74
2008	7	8	10	14	6	9	19	73
2011	7	8	10	14	6	9	19	73

资料来源:朱强、蔡蓉华、何峻:《中文核心期刊要目总览》(2011年版),北京大学出版社2011年版。

《总览》第五版、第六版人文社会科学部分(哲学、社会学、政治、法律、经济、文化、教育、历史)的学科类目划分为 25 类,具体为:综合性人文、社会科学,哲学,宗教,社会科学总论,民族学,政治学,法律,综合性经济科学,经济学/经济管理,会计,农业经济,工业经济,贸易经济,财政、货币、金融、银行、保险,文化事业/信息与知识传播,图书馆事业、信息事业、档案事业,科学、科学研究,教育,体育,语言、文字,文学,艺术,历史。

(四)《总览》的评价指标

《总览》第一版只采用载文量、文摘量、被引量 3 个评价指标。在没有适用的统计数据库的情况下,依靠大量的手工统计,由于工作量太大,因此评价指标数量较少是可以理解的。该版的载文量统计主要依据收录并不完全的《全国报刊索引》,这项数据在以后各版被命名为被索量。人文社会科学学术期刊的文摘量依据的是中国人民大学的《复印报刊资料》和《新华文摘》。被引量是从载文量排序表、文摘量排序表中分学科选出名列前茅的 5—10 种期刊,对其中的引文进行手工统计,必要时加上人大《复印报刊资料》所选用的文章作引文分析。[①]

第二版采用了被索量、被摘量、被引量、载文量、被摘率、影响因子共 6 个评价指标。被索量统计仍旧以《全国报刊索引》作为统计依据;被摘量的统计来源刊由各学科研制组自行选择;被引量的统计方法与第一版相同;载文量改变为直接手工统计源期刊刊载的属于指定学科的文章数量,这样获得的载文量数据其实是该期刊的"学科载文量",并不是该期刊的全部载文量;被摘率指的是该刊 1992—1994 年在指定学科范围内被摘的总次数与该刊 1992—1994 年刊载指定学科论文的篇数的比值,即分子和分母都限制在指定学科范围内,即"学科被摘率";影响因子的具体算法为:

在指定的学科范围内的 A 刊 1994 年的影响因子以 $IF^{94}(A)$ 表示

---

① 庄守经:《中文核心期刊要目总览》(1992 年版),北京大学出版社 1992 年版。

$$IF^{94}(A) = \frac{1994\text{年"源刊"对 A 刊 1992 年文章的引用次数}}{A\text{ 刊 1992 年可供引用的文章数}} \quad (8)$$

A 刊 1992—1994 年的平均影响因子,以 $\overline{IF}(A)$ 表示

$$\overline{IF}(A) = \frac{(1994\text{年"源"引用 1992 年 A 刊文章次数})+(1993\text{年"源"引用 1991 年 A 刊文章次数})+(1992\text{年"源"引用 1990 年 A 刊文章次数})}{A\text{ 刊 1990—1992 年可供引用的文章数}} \quad (9)$$

影响因子的分子和分母也同样限制在指定学科范围内,属于"学科影响因子"①。

第三版采用的评价指标与第二版完全相同,依旧采用被索量、被摘量、被引量、载文量、被摘率、影响因子共 6 个评价指标。由于有了部分电子出版物和相关数据的统计源数据库的出现,被索量统计改为以索引类电子出版物为统计依据;被摘量的统计以专业性文摘为统计依据,首选电子版的文摘刊物,没有电子版的使用纸质版手工统计;被引量选用《中国科学引文索引》数据库作为统计依据,但人文社会科学学科的统计方法依旧同第一、二版一样;载文量依然是统计源期刊的"学科载文量",以电子出版物作为统计依据,少量未被收录的重要期刊依靠手工统计;被摘率指标统计的是该刊 1995—1997 年的"学科被摘率";影响因子的计算公式改为:

在指定的学科范围内 A 刊 1997 年的影响因子以 $IF^{97}(A)$ 表示

$$IF^{97}(A) = \frac{1997\text{年"来源刊"对 A 刊 1995—1997 年文章的引用数}}{A\text{ 刊 1995—1997 年可供引用的文章数}} \quad (10)$$

影响因子指标统计改变为一般意义上的"学科影响因子"②。

第四版采用了被索量、被摘量、被引量、他引量、被摘率、影响因子、获奖或被重要检索工具收录共 7 个评价指标。由于载文量大的学术期刊其被索量、被摘量也大,为了削弱这三个指标对载文量大的学术期刊的叠加偏向,第四版取消了载文量指标;为了降低不恰当自引对影响因子的影响,增添了

---

① 林被甸、张其苏:《中文核心期刊要目总览》(1996 年版),北京大学出版社 1996 年版。
② 戴龙基、张其苏、蔡蓉华:《中文核心期刊要目总览》(2000 年版),北京大学出版社 2000 年版。

他引量指标;第四版还增加了"获奖或被重要检索工具收录"这项指标,吸收期刊重要评奖和其他期刊评价体系的评价结果。①

第五版采用了被索量、被摘量、被引量、他引量、被摘率、影响因子、获奖或被重要检索系统收录、基金论文比、Web 下载率共 9 个评价指标。与第四版相比,增加了基金论文比指标,来反映期刊的学术影响力;增加了 Web 下载率指标,从网络阅读使用角度来对期刊进行评价。第五版还修改了被摘率、影响因子两个指标的计算方法,将被摘率、影响因子计算公式中的分母改为该刊物在统计时间段内刊发的所有论文数,即一般意义上的"载文量"。这样计算解决了部分"学科载文量"小的期刊由于"学科被摘率""学科影响因子"的分母小,"学科被摘率""学科影响因子"较大而排名靠前,"学科载文量"较大的专业期刊反而排名靠后的问题。基金论文比指标的计算公式的分母也同样选用一般意义上的"载文量"。②

第六版采用了被索量、被摘量、被引量、他引量、被摘率、影响因子、被重要检索系统收录、基金论文比、Web 下载率共 9 个评价指标。由于统计时限内未进行过国家级期刊评奖活动,而地方性奖项的统计数据收集困难,而且各地评奖标准不一,不具有等同可比性,第五版中的"获奖或被重要检索系统收录"指标在第六版改为"被重要检索系统收录"。③

(五)《总览》的筛选方法

《总览》总体上采用的是定性与定量相结合的评价方法,具体操作上采用了多指标综合测定法、定量指标加权法、累积百分比测定法、调整定量指标排序法等方法,具体的计算方式会随着版次的增加而有所更新。

---

① 戴龙基、蔡蓉华:《中文核心期刊要目总览》(2004 年版),北京大学出版社 2004 年版。
② 朱强、戴龙基、蔡蓉华:《中文核心期刊要目总览》(2008 年版),北京大学出版社 2008 年版。
③ 朱强、蔡蓉华、何峻:《中文核心期刊要目总览》(2011 年版),北京大学出版社 2011 年版。

1. 筛选过程

(1) 第一版的筛选过程

《总览》第一版的筛选过程为:先求出每个备选刊物的被索引、被摘录、被引用次数占总次数的百分比。

A 刊被索引的百分比$[V_1(A)]=$

$$\frac{1988—1990 年《全国报刊索引》收录 A 刊该学科论文条数}{同期《全国报刊索引》收录该学科论文的总条数}\times100\% \quad(11)$$

A 刊被摘录的百分比$[V_2(A)]=$

$$\frac{1988—1990 年所用文摘对 A 刊该学科文章摘录的条数}{同期该文摘对该学科文章摘录的总条数}\times100\% \quad(12)$$

A 刊被引用的百分比$[V_3(A)]=$

$$\frac{1988—1990 年所选引文源对 A 刊该学科文章引用的次数}{同期该引文源内该学科文章引用的总次数}\times100\% \quad(13)$$

对 $V_1(A)$、$V_2(A)$、$V_3(A)$ 赋予不同的权重,一般为 0.2、0.3、0.5,个别学科根据具体情况可以适当调整权重,加权后计算出各刊的 V 值,计算公式为:$V(A)=V_1(A)\times0.2+V_2(A)\times0.3+V_3(A)\times0.5$。将学科内各刊按照 V 值从大到小排成序列,至其累积量达到 70% 左右为止,被截取部分即为初步认定的该学科的核心期刊区。最后,邀请 3 位以上本学科权威专家对初步认定的核心期刊表进行审查鉴定,根据专家意见作适当、必要调整后获得的才是最终确认的核心期刊表。[①] 这样的统计方法由于大样本统计数据的相对评价值差异小、小样本统计数据的相对评价值差异大,淹没了大样本指标的作用,求平均百分比忽视了不同评价指标对学术期刊的评价作用所存在的差异,在之后的版次中就不再使用了。

(2) 第一版之后各版的筛选过程

《总览》第二版根据模糊数学理论建立了一套综合评价数学模式,并使用计算机完成复杂的数学运算,以后各版沿用了这种计算方式。

[①] 庄守经:《中文核心期刊要目总览》(1992 年版),北京大学出版社 1992 年版。

①先以评价指标初选结果构成矩阵 V(I 为期刊数,J 为指标数):

$$V = \begin{vmatrix} V_{11} & V_{12} & \cdots & V_{1j} & \cdots & V_{1J} \\ V_{21} & V_{22} & \cdots & V_{2j} & \cdots & V_{2J} \\ \cdots & \cdots & \cdots & \cdots & \cdots \\ V_{i1} & V_{i2} & \cdots & V_{ij} & \cdots & V_{iJ} \\ \cdots & \cdots & \cdots & \cdots & \cdots \\ V_{I1} & V_{I2} & \cdots & V_{Ij} & \cdots & V_{IJ} \end{vmatrix} \qquad (14)$$

②再进行隶属度换算,第 i 个刊对第 j 个指标的隶属度定义为:

$$C_{ij} = \frac{V_{ij} - \bigwedge_{i=1}^{I}(V_{ij})}{\bigvee_{i=1}^{I}(V_{ij}) - \bigwedge_{i=1}^{I}(V_{ij})} \qquad (15)$$

其中 $\bigwedge_{i=1}^{I}(V_{ij})$ 是所有进入综合筛选的刊对 j 指标统计值中最小的一个,同样 $\bigvee_{i=1}^{I}(V_{ij})$ 是取所有统计值最大的一个。

③得到由隶属度构成的评价矩阵 C:

$$C = \begin{vmatrix} C_{11} & C_{12} & \cdots & C_{1j} & \cdots & C_{1J} \\ \cdots & \cdots & \cdots & \cdots & \cdots \\ C_{i1} & C_{i2} & \cdots & C_{ij} & \cdots & C_{iJ} \\ \cdots & \cdots & \cdots & \cdots & \cdots \\ C_{I1} & C_{I2} & \cdots & C_{Ij} & \cdots & C_{IJ} \end{vmatrix} \qquad (16)$$

④加权平均:

征求专家意见,确定各指标权重,构成权重量向量 $B = (b_1 b_2 \cdots b_j \cdots b_J)$

⑤对评价矩阵作加权平均：

$$A = B * C^T = (b_1 b_2 \cdots b_j \cdots b_J) \begin{vmatrix} C_{11} & C_{12} & \cdots & C_{1j} & \cdots & C_{1J} \\ \cdots & \cdots & \cdots & \cdots & \cdots & \cdots \\ C_{i1} & C_{i2} & \cdots & C_{ij} & \cdots & C_{iJ} \\ \cdots & \cdots & \cdots & \cdots & \cdots & \cdots \\ C_{I1} & C_{I2} & \cdots & C_{Ij} & \cdots & C_{IJ} \end{vmatrix} = (a_1 a_2 \cdots a_i \cdots a_I)$$

(17)

得到综合隶属度表，将期刊按隶属度降序排列，得到定量统计的综合筛选期刊排序表。①

研制第三版时又提出一个新的隶属度公式：

$$C_{ij} = \frac{V_{ij}}{\bigvee_{i=1}^{I} (V_{ij})}$$

(18)

供各学科研制者在两个隶属度公式中选用一种。② 第四版、第五版、第六版将新的隶属度公式确定为唯一的隶属度计算公式。

2. 专家评审

将综合筛选期刊排序送交学科专家进行最终评审，汇总专家意见后对排序表进行适当调整，获得的即为最终确认的核心期刊表。评审专家可以提出调整核心期刊顺序、增补优秀学术期刊进入核心期刊表、修改学科核心期刊数量。③

(六) 核心期刊数量的截取

对于应该从来源期刊中截取出多大比例的"核心期刊"，一直是一个存有争议的问题。布拉德福文献离散定律是从两组数据中总结出的经验定

---

① 林被甸、张其苏：《中文核心期刊要目总览》(1996 年版)，北京大学出版社 1996 年版。
② 戴龙基、张其苏、蔡蓉华：《中文核心期刊要目总览》(2000 年版)，北京大学出版社 2000 年版。
③ 戴龙基、蔡蓉华：《中文核心期刊要目总览》(2004 年版)，北京大学出版社 2004 年版。

律,这两组数据的来源期刊与核心期刊比例分别是2.8%和4.9%。维克利证明了分区数是可以人为任意确定的,①分区数越多,则核心区越小,核心期刊数就越少;分区数越少,则核心区越大,核心期刊数就越多。也就是说,核心区与非核心区之间客观上并不存在明显的、确定的界线,核心区的大小是可以相对任意确定的。《总览》经过大量的数据统计工作发现,载文量分布的集中效应最小,引文量分布的集中效应最显著。从《总览》第二版开始,选取累积载文量占总载文量的30%~50%,累积被摘量占总被摘量的50%~70%,累积被引量占总被引量的70%~80%的期刊作为核心期刊。②

基于《总览》第一版的研制初衷,选出核心期刊数量较多,约为33.3%,以后各版的评价方法不断改进,筛选率一直维持在我国正式出版期刊总数的20%左右。

表4.2 《总览》各版核心期刊数量与我国正式出版期刊种数对比表

年 份	1992	1996	2000	2004	2008	2011
《总览》核心期刊/种	2 157	1 613	1 571	1 798	1 983	1 982
我国正式出版期刊数/种	6 484	7 916	8 725	9 490	9 549	9 891
《总览》核心期刊数占我国正式出版期刊种数百分比/%	33.3	20.3	18.0	18.9	20.7	20.0

资料来源:朱强、蔡蓉华、何峻:《中文核心期刊要目总览》(2011年版),北京大学出版社2011年版。

(七)对《总览》不足之处的讨论

研制方对《总览》的不足之处也认识得很清楚,一方面对一些力所不及之处进行解释,另一方面通过不断改进方法、优化指标、丰富来源数据等方面来提高《总览》的可信度。如第二版指出《总览》第一版"在研制方法、核心期刊的筛选和优化方面存在一些缺陷和不足",并对核心期刊研制工作做了说明:"核心期刊只是在总体上反映各类学科期刊在一定时期的发展状

---

① Vickery B.C., Bradford's law of Scattering, *Journal of Documentation*,1994,(4):81-88.
② 戴龙基、张其苏、蔡蓉华:《中文核心期刊要目总览》(2000年版),北京大学出版社2000年版。

况,它的排序也不可能完全准确。个别进入核心区的期刊,可能不孚众望,而某些重要的刊物也可能被遗漏而未进入核心区"①。

研制方对于《总览》核心期刊表的功能异化也深表忧虑,多次强调核心期刊表只是一种参考工具书,在选用时需要按照各自的工作需要作增删修改。如第四版指出"核心期刊研究成果也只能起参考工具的作用,如果不恰当地扩大它的作用,就会因不堪重任而产生负面影响"②。第五版指出"核心期刊是通过统计期刊所发表论文的被使用量来评价的,是以文评刊……但是反过来,如果将核心期刊作为衡量论文水平的标准,以刊评文,那就可能发生谬误"。

1.核心期刊表时间滞后

《总览》第一版统计文献年限为1988—1990年,出版时间为1992年;第二版统计文献年限为1992—1994年,出版时间为1996年;第三版统计文献年限为1995—1997年,出版时间为2000年;第四版统计文献年限为1999—2001年,出版时间为2004年;第五版统计文献年限为2003—2005年,出版时间为2008年;第六版统计文献年限为2006—2008年,出版时间为2011年。《总览》核心期刊表平均滞后时间约为2.67年,虽然期刊的质量和水平具有很大的惯性,一般不会出现大的起伏,但统计文献依据与成果使用的时间差距如此之大,的确存在较大的误差。

对于核心期刊表时间滞后问题,《总览》研制方也多次提及。原因来自于统计源数据库的时间滞后,统计数据量巨大,缺少规范准确的期刊书目数据库。③ 我们理解时间滞后是客观条件使然,短时间内无法克服,研制方已经从4年一版改为3年一版,以减少核心期刊表的滞后时间。

2.部分评价指标选用不当

《总览》前面五版已经对部分选用不当的指标进行了修正,如第二版同

---

① 林被甸、张其苏:《中文核心期刊要目总览》(1996年版),北京大学出版社1996年版。
② 戴龙基、蔡蓉华:《中文核心期刊要目总览》(2004年版),北京大学出版社2004年版。
③ 朱强、蔡蓉华、何峻:《中文核心期刊要目总览》(2011年版),北京大学出版社2011年版。

时选用了被索量和载文量指标,这两项指标属于重复计算,第三版取消了载文量指标。目前最新的第六版仍有一些指标选用不当,如基金论文比指标是依据于"基金项目论文水平较高"而选用的,但"基金项目论文水平较高"只是一种可能性较大的预测,并不是必然性的结论。有研究表明,基金项目论文与论文学术质量、期刊学术影响没有显著的线性相关关系。[1] 而且"基金论文比"作为评价指标会产生侵占非基金论文的发表机会、降低基金项目课题的结项难度、助长"只为基金项目而研究"之风等负面效应。第六版采用的 Web 下载率指标是为了测度学术期刊在网络上的社会认可度,但下载量并不等于阅读量,存在着下载并未阅读、一文多读等现象,使得这项指标尚存在一定程度的不可测定性。

3.将学术期刊、非学术期刊一起评价

《总览》的评价对象是所有正式出版的中文期刊,这就存在着将学术期刊、非学术期刊一起评价的问题。从《总览》的评价指标来看,更多的是为学术期刊评价设置的,如被引量、他引量、影响因子、被重要检索系统收录、基金论文比、Web 下载率等,这些都是学术期刊的评价指标,与非学术期刊的相关性不大。

而对那些将核心期刊表拿来直接照搬使用的科研管理机构来说,发表在非学术或学术性不强的期刊上的文章同样被认为是一篇质量上乘的科研论文,这当然会引来争议。虽然研制方一再呼吁科研管理机构需要参考《总览》制定符合自身需求的核心期刊表,但这对于小型单位来说依然是一项很艰巨的工作。

二、《中国人文社会科学核心期刊要览》(CASS)

《中国人文社会科学核心期刊要览》(以下简称《要览》)由中国社会科

---

[1] 陶家柳:《"基金论文优先"辩》,《中国科技期刊研究》2010 年第 2 期。

学院文献信息中心编制,社会科学文献出版社出版,至今已编制四版。2000年版以内部参考资料形式印制,经过有关人员的使用反馈和研制方的数据准备、理论验证后,正式出版了姜晓辉主编的《要览》(2004年版)、《要览》(2008年版)和《要览》(2013年版)。2004年版是中国社会科学院2002年重点学科建设工程项目"中国人文社会科学核心期刊的统计与分析"的科研成果,2008年版获得了中国社会科学院出版基金资助,2013年版入选了中国社会科学院创新工程学术出版资助项目。

《要览》2004年版从全国3000多种人文社会科学期刊中评选出344种核心期刊,2008年版评选出386种核心期刊,2013年版评选出484种核心期刊。

(一)《要览》的研制目的

在《要览》2004年版"编制说明"和"研制报告"中都专门提到:"本书的目的和宗旨是面向科研工作,为优化科研用刊,为文献资源的优化利用以及文献型数据库的选刊工作提供服务。"[①]2008年版的"研制报告"对研制目的做了新的说明:"通过对学术期刊发展规律和增长趋势的量化分析,找出期刊发展和应用中的核心部分,为便利学术期刊的使用和优化文献资源的利用提供参考服务。"[②]2013年版的"研制报告"将研制目的表述为:"为了便利和优化学术期刊的使用,以及优化文献资源的利用。"[③]2008年版和2013年版不再提专为科研工作和文献型数据库的选刊工作服务,稍稍模糊了研制目的的专门指向,但其为"学术期刊的使用"和"文献资源的利用"服务的编制方针并没有发生改变。这一点也可以从《要览》2004年版、2008年版和2013年版对核心期刊相同表述的定义"某学科(或某领域)的核心期刊,是指那些

[①] 中国社会科学院文献信息中心文献计量学研究室:《中国人文社会科学核心期刊要览》(2004年版),社会科学文献出版社2004年版。
[②] 姜晓辉:《中国人文社会科学核心期刊要览》(2008年版),社会科学文献出版社2009年版。
[③] 姜晓辉:《中国人文社会科学核心期刊要览》(2013年版),社会科学文献出版社2014年版。

发表该学科(或该领域)论文较多、使用率(含被引率、摘转率和流通率)较高、学术影响较大的期刊"①和其评价指标、筛选方法的沿用等方面得到验证。

(二)《要览》的学科设置

《要览》的学科设置是参照《中国图书馆分类法(第四版)》的类目系列,2004年版和2008年版的编目基本没有发生变化,分为11编(马克思主义、哲学、心理学、宗教、语言、文学、艺术、历史、考古、人文地理、政治、法律,经济、社会学、人口学、民族学、管理学、统计学,图书馆、情报与文献学,新闻与传播、教育、体育、环境科学、综合性人文社会科学),共计30个类目。2013年版依然分为11编,核心期刊表将第四编"政治、法律"中的"政治学专业"分为"中国政治学专业"和"国际政治学专业",将第五编"经济"中的"财政金融专业"分为"财政专业""金融专业",将第八编"图书馆、情报与文献学"改名为"图书馆、情报与档案学",原有的"图书馆、情报与文献学专业核心期刊"分为"图书馆学与情报学专业"和"档案学专业",共计33个类目。②

《要览》2013年版的具体学科类目为:马克思主义,哲学,心理学,宗教学,语言学,文学,艺术学,历史学,考古学,人文地理学,中国政治学,国际政治学,法学,经济学理论,世界各国经济,中国经济,经济计划与管理,农业经济,贸易经济,财政,金融,社会学,人口学,民族学,管理学,统计学,图书馆学与情报学,档案学,新闻学与传播学,教育学,体育学,环境科学,综合性人文社会科学。

---

① 中国社会科学院文献信息中心文献计量学研究室:《中国人文社会科学核心期刊要览》(2004年版),社会科学文献出版社2004年版;姜晓辉:《中国人文社会科学核心期刊要览》(2008年版),社会科学文献出版社2009年版;姜晓辉:《中国人文社会科学核心期刊要览》(2013年版),社会科学文献出版社2014年版。
② 姜晓辉:《中国人文社会科学核心期刊要览》(2013年版),社会科学文献出版社2014年版。

(三)《要览》的评价指标

《要览》从研制目的出发,"确定了使用以引用分析为主导,以反映期刊'学术影响力'为主要目标的综合统计方法。其主要特点是从文献被利用的角度来评价和选择期刊。这种综合方法力求突出重点,以期刊引证报告的评价指标作为统计主体,同时注意指标的完整性和系统性,以及与其他参考指标的有机结合"[1]"核心期刊的筛选过程可以简单描述为:找出作者在撰写某学科或某研究领域的论文时,(作为学科论文的集合)使用了哪些期刊,再从这些期刊中按使用率找出那些最为常用的期刊,并划定核心区范围"[2]。

基于这样的研制指导原则,《要览》采用的主要是被引指标,包括期刊总被引、学科总被引,期刊影响因子、学科影响因子,五年期刊影响因子、五年学科影响因子,期刊即年影响因子、学科即年影响因子。期刊总被引、期刊影响因子、五年期刊影响因子、期刊即年影响因子即一般意义上的总被引频次、影响因子、五年影响因子、即年指标;学科总被引是指统计时间段内被评价学术期刊刊载的全部论文,被来源期刊中某学科论文所引用的总次数;学科影响因子是指统计时间段内被评价学术期刊前两年刊载的全部论文,被来源期刊中某学科论文所引用的总次数与前两年刊文总数的比值;五年学科影响因子是指统计时间段内被评价学术期刊前五年刊载的全部论文,被来源期刊中某学科论文所引用的总次数与前五年刊文总数的比值;学科即年影响因子是指统计时间段内被评价学术期刊某年刊载的全部论文,被来源期刊中某学科论文当年所引用的总次数与某年刊文总数的比值。

2004年版的分学科学术期刊主要遴选指标为学科总被引、学科影响因子、期刊总被引,还选用了学科即年影响因子、学科载文量、学科他引量、文摘率等作为参照指标;综合性学术期刊主要遴选指标为期刊总被引、期刊影

---

[1] 中国社会科学院文献信息中心文献计量学研究室:《中国人文社会科学核心期刊要览》(2004年版),社会科学文献出版社2004年版。
[2] 姜晓辉:《中国人文社会科学核心期刊要览》(2013年版),社会科学文献出版社2014年版。

响因子、期刊即年影响因子,还选用了分学科被引位次、学科载文量、他引量、摘转率等作为参照指标。① 2008 年版的分学科学术期刊主要遴选指标为学科影响因子、学科总被引、期刊影响因子、总转摘量,综合性学术期刊主要遴选指标为期刊影响因子、分学科被引累积率 70% 和 80% 之内的分学科数量、总转摘量。② 2013 年版的分学科学术期刊主要遴选指标为学科总被引、五年学科影响因子、总转摘量、加权转摘率,综合性学术期刊主要遴选指标为五年期刊影响因子、总转摘量、加权转摘率、综合性期刊学科核心指数、综合性期刊学科核心扩散度。其中,综合性期刊学科核心指数是指该综合性期刊在各学科核心区被引累积百分比值的补数之和。综合性期刊学科核心扩散度是指该综合性期刊进入各学科核心区的总数。③

(四)《要览》的筛选方法

《要览》的具体遴选过程④一般为:

1. 分学科学术期刊的遴选

(1)根据来源期刊的数据统计,生成学科期刊引证表。

(2)2004 年版选用学科总被引、学科影响因子、期刊总被引,2008 年版选用学科影响因子、学科总被引、期刊影响因子、总转摘量,2013 年版选用学科总被引、五年学科影响因子、总转摘量、加权转摘率,分别作系数加权、隶属度运算后,生成综合值(综合值的计算公式采用了与《总览》第二版至第六版完全一样的模糊数学综合评价模式)。

(3)按照期刊引证表中"学科总被引"的数值递减排序,2004 年版取其被

---

① 中国社会科学院文献信息中心文献计量学研究室:《中国人文社会科学核心期刊要览》(2004 年版),社会科学文献出版社 2004 年版。
② 姜晓辉:《中国人文社会科学核心期刊要览》(2008 年版),社会科学文献出版社 2009 年版。
③ 姜晓辉:《中国人文社会科学核心期刊要览》(2013 年版),社会科学文献出版社 2014 年版。
④ 中国社会科学院文献信息中心文献计量学研究室:《中国人文社会科学核心期刊要览》(2004 年版),社会科学文献出版社 2004 年版;姜晓辉:《中国人文社会科学核心期刊要览》(2008 年版),社会科学文献出版社 2009 年版;姜晓辉:《中国人文社会科学核心期刊要览》(2013 年版),社会科学文献出版社 2014 年版。

引频次累积量达到85%左右时所包含的期刊做表,2008年版、2013年版取其被引频次累积量达到70%~80%时所包含的期刊,分学科、按顺序适当选取一定数量的期刊做表;再按照综合值将其排序后获得该学科核心期刊备选表。

(4)将期刊备选表送交专家进行定性评价打分,指标为期刊学术性、论文的学理性与创新性、编辑质量、学术规范性、刊物公信度。①

(5)将专家评审结果作隶属度处理后与综合评价值作系数加权运算,2004年版系数分别为0.2和0.8,2008年版、2013年版系数均为0.3和0.7。

(6)参照"即年影响因子""学科载文量""学科他引量""文摘率"等指标的运算结果作调整。

(7)经综合分析后,获得该学科核心期刊表。

2.综合性人文社会科学期刊的遴选

(1)根据分学科期刊引证报告的统计结果,汇集各分学科核心期刊备选表以及评价指标较高的非备选表中的综合性期刊,生成综合性人文社会科学期刊引证表。

(2)选用期刊影响因子、转摘频次、在分学科的位次,分别作系数加权、隶属度运算后,生成综合值。

(3)按照综合值递减排序,获得综合性人文社会科学期刊核心期刊备选表(综合评价值的计算公式采用了与《总览》第二版至第六版完全一样的模糊数学综合评价模式)。

(4)将期刊备选表送交专家评审。

(5)将专家评审结果作隶属度处理后与综合评价值作系数加权运算,2004年版系数分别为0.2和0.8,2008年版系数分别为0.3和0.7。

(6)参照分学科被引位次、学科载文量、他引量、文摘率等指标的运算结果作调整。

(7)经综合分析后,获得该学科核心期刊表。

---

① 姜晓辉:《中国人文社会科学核心期刊要览》(2008年版),社会科学文献出版社2009年版。

(五)数据来源

《要览》2008年版、2013年版的数据主要来自于以下三部分[①]:

1.中国人文社会科学引文数据库(CHSSCD),由中国社会科学院文献信息中心编制。

2.中国人文社会科学文摘率统计数据库,由中国社会科学院文献信息中心编制。

3.作为统计分析参考的其他统计源,主要来自于公开发表的各种期刊统计数据,包括其他评价系统公布的核心期刊、引文数据库来源期刊、期刊引证报告中的各类统计数据。

三、《中文社会科学引文索引》(CSSCI)

《中文社会科学引文索引》(Chinese Social Sciences Citation Index,CSSCI)[②]由南京大学中国社会科学研究评价中心1997年开始研制,香港科技大学曾资助研制工作,1999年被教育部列为人文社会科学研究重大项目。CSSCI在高等教育界的影响非常大,目前大部分高校已将CSSCI作为科研评价的主要依据。

年度CSSCI来源期刊遴选在中文社会科学引文索引指导委员会的指导和审查监督下进行,指导委员会负责审议并通过中心工作报告、审定遴选原则与方法、听取中心关于CSSCI来源期刊遴选数据的汇报。指导委员会于2009年12月28日就学术界对CSSCI片面理解、不合理使用等倾向,专门发出《关于科学对待、合理使用中文社会科学引文索引(CSSCI)的倡议》,提出"要根据不同的情况和需要恰当地使用CSSCI,在参照是否被CSSCI来源期

---

① 姜晓辉:《中国人文社会科学核心期刊要览》(2008年版),社会科学文献出版社2009年版;姜晓辉:《中国人文社会科学核心期刊要览》(2013年版),社会科学文献出版社2014年版。

② http://cssci.nju.edu.cn/

刊收录、被引次数多少的同时,还应积极完善同行定性评价与定量评价相结合的评价方法,力戒简单以 CSSCI 数据作为评价指标;高校科研管理部门要积极探索建立多元化评价体系和标准,大力推行代表作制,力戒简单依据 CSSCI 数据对教师进行科研成果评价或周期性的工作量考核。学术期刊也要在高度重视 CSSCI 对期刊发展积极引导作用的同时,切实避免将是否被 CSSCI 收录作为办刊质量的唯一标尺,要力戒通过各种不当手段抬高'引用率'"。

(一) CSSCI 来源期刊的遴选原则

1.来源期刊的四项遴选原则为:分类评价原则,动态调整原则,定量(引文文献计量指标)评价与定性(学科专家)评价相结合原则,公平、公开和公正原则。实行高进低出,兼顾地区与学科的平衡。

2.入选的来源期刊必须是具有 CN 号的、主要刊载学术论文和评论等一次文献的、按出版周期准时出版并符合期刊编辑出版规范的、所刊载的学术论文应列有参考文献或文献注释的中文人文社会科学学术性期刊。属自然科学、二次文献、通俗、文学原创、以译文为主的或有一刊多版等编辑出版不规范情形的期刊不予收录。

(二) CSSCI 来源期刊的学科类目

期刊的科学、合理分类是做好来源期刊遴选工作的基础,来源期刊的学科根据国家标准"GB/T13745-92:《学科分类与代码》"设 23 个学科类别,在此基础上增设"高校综合性社科学报""综合性社科期刊"2 个类别,共 25 个学科类别。具体学科类别为:管理学,马克思主义,哲学,宗教学,语言学,中国文学,外国文学,艺术学,历史学,考古学,经济学,政治学,法学,社会学,民族学,新闻学与传播学,图书馆、情报与文献学,教育学,体育学,统计学,心理学,综合性社科期刊,人文、经济地理,环境科学,高校综合性社科学报。

(三) CSSCI 来源期刊的数量控制

CSSCI 研制方参照美国《科学引文索引》(SCI)选用期刊占世界科技期刊总量的比例与《中国科学引文数据库》(CSCD)选用期刊占我国科技期刊总量的比例,并结合我国社科期刊出版发行的情况,确定 CSSCI 的来源期刊总量应控制在全国人文社会科学学术性期刊总数的 20% 以内。学科来源期刊数以学科期刊数、人力资源数为参数,按 7∶3 的权重确定各学科来源期刊数。

1998 年来源期刊为 496 种,1999 年来源期刊为 506 种,2000—2001 年来源期刊为 435 种(含港澳台地区及海外期刊 16 种),2002—2003 年来源期刊为 418 种,2004—2005 年来源期刊为 461 种,2006—2007 年来源期刊为 493 种,2008—2009 年来源期刊为 528 种、扩展版来源期刊 152 种,2010—2011 年来源期刊为 527 种、扩展版来源期刊 173 种,2008—2011 年来源集刊 86 种,2012—2013 年来源期刊为 535 种、扩展版来源期刊为 179 种、集刊 120 种,2014—2015 年来源期刊为 533 种、扩展版来源期刊为 189 种、集刊 145 种。

(四) CSSCI 来源期刊的遴选方法与程序

1.规范性审查:中国社会科学研究评价中心对期刊进行规范性审查。规范性审查的主要内容是出版时效、文献引用量和期刊版本。出版时效性的审查重点是期刊是否按规定的出版周期按时出版。凡延期 2 个月以上出版的期刊属于编辑、出版不规范的期刊,不予选用。文献引用量的审查重点是篇均引文量,篇均引文量是编辑规范性和论文学术性的重要指标。期刊版本的审查重点是同一 CN 号的期刊编辑出版不同版本的期刊,即"一刊多版"。不符合原新闻出版署公布的《期刊出版形式规范》的有关规定、编辑出版不规范的期刊不予选用。

2.来源期刊遴选依据是期刊的"他引影响因子"和"总被引频次"两项指

标,指标权重分别为 0.8 和 0.2。

3.指标值计算:对期刊上述两指标进行归一化处理,所得到的归一化值乘以所对应的指标权重。两项指标值之和为期刊综合值,综合值为期刊所在学科排序依据。

4.各学科期刊按综合值从高到低进行学科排序,并按当年学科来源期刊预选数的 140% 确定来源期刊预选名单。

5.来源期刊预选名单提交中文社会科学引文索引指导委员会进行评审,经过认真审核与充分讨论,在适当考虑地区和学科分布的合理性的基础上,按照高进低出的原则,删除原来源期刊排序位于学科应选期刊数之外的期刊,由排序位于学科应选期刊数之内的原扩展版期刊依次递补,初步确定当年来源期刊。

6.对经指导委员会会议审定后的来源期刊名单进行公示,公示结束后通过中心网站正式发布。

7.规范性审查原则同时适用于正式公布后入选的来源期刊。如发现有一刊多版、一号多刊等编辑出版不规范情形的期刊,中心将在查证后报指导委员会审议,审议通过后自来源期刊目录中去除。

四、三种专业机构研制的学术期刊评价体系的比较和讨论

(一)研制目的的比较

《总览》的研制起初主要是为了向各级各类图书馆提供采购目录和指导读者阅读利用,这在《总览》第一版的"前言"中就已经专门说明:"严峻的形势迫切要求人们对为数众多的期刊加以系统的研究,认真地鉴别它们的水平与质量,了解它们在所涉及的学科或专业中的地位与作用,以便于各图书馆有选择地收藏与剔除和有计划地管理与开发利用,也便于读者从期刊的海洋中探寻他们所需要的信息。因此,运用文献计量学的方法筛选、确认各

学科的核心期刊,已成为图书馆界和情报界当务之急"①。以后几版又将研制目的扩展为七项:一是"核心期刊表可以作为期刊采购的参考工具",二是"核心期刊表可以作为图书馆导读和参考咨询的参考工具",三是"核心期刊表可以作为评价学术研究成果的参考工具",四是"核心期刊表可以作为读者投稿的参考工具",五是"核心期刊表可以为文献数据库选择来源期刊提供参考依据",六是"核心期刊表对提高期刊质量有促进作用",七是"核心期刊研究对文献计量学研究有促进作用"②。

《要览》的主要研制目的是为"学术期刊的使用"和"文献资源的利用"服务,2013 年版的"研制报告"具体表述为"为了便利和优化学术期刊的使用,以及优化文献资源的利用"。"'学术影响力'统计,特别是期刊在学科中的影响力统计,是研制工作的重点和贯穿始终的主线"③。

CSSCI 的主要研制目的是评价学术刊物的学术价值和学术影响力,这一点从其一直自视为 SSCI 的中国版,其评价指标也同 SSCI 一样选用他引影响因子、总被引频次两项主要评价指标等方面可以看出。

总体来讲,《总览》的研制目的较为全面,主要兼顾图书馆藏和学术影响力;CSSCI 的研制主要是针对学术影响力的评价;《要览》介乎两者之间。这一点也可以从评价指标的选用上得到印证。

(二)学科设置的比较

在学科的设置依据方面,虽然《总览》和《要览》都以《中国图书馆图书分类法》作为主要依据,但 CSSCI 来源期刊的学科设置依据则是国家标准中 GB/T13745-92《学科分类与代码》。

《总览》第五版、第六版的人文社会科学部分(哲学、社会学、政治、法律,经济、文化、教育、历史)的学科类目划分为 25 个,《要览》2013 年版的学科类

---

① 庄守经:《中文核心期刊要目总览》(1992 年版),北京大学出版社 1992 年版。
② 戴龙基、蔡蓉华:《中文核心期刊要目总览》(2004 年版),北京大学出版社 2004 年版。
③ 姜晓辉:《中国人文社会科学核心期刊要览》(2013 年版),社会科学文献出版社 2014 年版。

目划分为33个,CSSCI来源期刊的学科类目分为25个。三者基本相同的学科类目有7个:宗教学、民族学、法学、教育学、体育学、语言学、艺术学;三者的学科类目划分不同之对比如表4.3所示。从学科设置的对比可以看出,《总览》和《要览》对经济学类目划分较细,但《总览》将人文经济地理、环境科学归入自然科学似有不妥,如旅游类刊物刊发的主要内容还应属人文社会科学领域;《要览》和CSSCI是专门针对人文社会科学学术期刊的评价体系,设置了心理学、社会学、统计学、管理学、马克思主义、考古学、人文地理学(人文经济、地理)、环境科学;CSSCI专门划分出了高校综合性社科学报类目,体现了对高校综合性社科学报的重视。整体而言,《要览》对人文社会科学的学科类目划分得更细。

(三)评价指标的比较

《总览》第一版只采用载文量、文摘量、被引量3个评价指标。第二版、第三版采用了被索量、被摘量、被引量、载文量、被摘率、影响因子6个评价指标。第四版采用了被索量、被摘量、被引量、他引量、被摘率、影响因子、获奖或被重要检索工具收录7个评价指标。第五版采用了被索量、被摘量、被引量、他引量、被摘率、影响因子、获奖或被重要检索系统收录、基金论文比、Web下载率共9个评价指标。第六版采用了被索量、被摘量、被引量、他引量、被摘率、影响因子、被重要检索系统收录、基金论文比、Web下载率9个评价指标。

《要览》2004年版的分学科学术期刊主要遴选指标为学科总被引、学科影响因子、期刊总被引,还选用了即年影响因子、学科载文量、学科他引量、文摘率等作为参照指标;综合性学术期刊主要遴选指标为期刊总被引、期刊影响因子、期刊即年影响因子,还选用了分学科被引位次、学科载文量、他引量、文摘率等作为参照指标。2008年版的分学科学术期刊主要遴选指标为学科影响因子、学科总被引、期刊影响因子、总转摘量,综合性学术期刊主要遴选指标为影响因子、转摘频次、在分学科的位次,还选用了他引量、学科载文量、引文率、期刊即年影响因子、借阅率、下载率等作为参照指标。

表 4.3 《总览》人文社会科学部分、《要览》、CSSCI 来源期刊的学科类目划分不同之对比

	综合性人文、社会科学	哲学	社会科学总论,科学研究	政治学	经济学	文化事业/信息与知识传播	图书馆事业,信息事业,档案事业	文学	("马克思主义"归入"政治学")	历史	(归入"自然科学"类中的"地理学"类目)
《总览》	综合性人文、社会科学	哲学	社会科学总论,科学研究	政治学	综合性经济科学,经济学,经济管理,会计,农业经济,工业经济,贸易经济,财政,货币,金融,银行,保险	文化事业/信息与知识传播	图书馆事业,信息事业,档案事业	文学		历史	
《要览》	综合性人文、社会科学	哲学,心理学	社会学,人口学,统计学,管理学	中国政治学,国际政治学	经济学理论,世界各国经济,中国经济,经济计划与管理,农业经济,贸易经济,财政,金融	新闻学与传播学	图书馆与情报学,档案学	文学	马克思主义	历史学,考古学	人文地理学,环境科学
CSSCI	综合性社科期刊,高校综合性社科学报	哲学,心理学	社会学,统计学,管理学	政治学	经济学	新闻学与传播学	图书馆、情报与文献学	中国文学,外国文学	马克思主义	历史学,考古学	人文、经济地理学,环境科学

CSSCI 来源期刊的主要遴选指标是期刊的"他引影响因子"和"总被引频次"两项指标。

《总览》选用评价指标最多,虽然一方面可以通过多指标综合评价来总体把握学术期刊的多方面办刊质量,但另一方面也会在评价效果上出现同类评价指标的叠加效应,使得优刊更优、劣刊更劣,不利于评价效果的公平、公正呈现。相比之下,CSSCI 来源期刊选用评价指标简省,其评价效果指向也就不免单一。《要览》的指标选用数量居中,其评价效果的指向维度也居中。评价指标的选用与各学术期刊评价体系的研制目的相匹配,如载文量被《总览》选用为主要评价指标、被《要览》选用为参照指标,是因为《总览》为制定馆藏目录和帮助读者选读服务、《要览》为优化科研用刊服务,很多研究者却就此责问《总览》《要览》为何以载文量指标来判定刊物学术质量,这是没有从研制目的的角度来考察评价指标选用问题。

(四)筛选方法的比较

《总览》、《要览》、CSSCI 在筛选方法上都采用了定性与定量相结合的评价方法,在入选期刊目录的最终勘定环节都有专家评审把关。

在具体操作上,《总览》第一版和 CSSCI 采用了定量指标加权法,赋予各评价指标不同的权重,计算出各刊的综合评价值。这种统计方法的优点是计算简便,便于根据效果异动及时调整权重;缺点是由于大样本统计数据的相对评价值差异小、小样本统计数据的相对评价值差异大,淹没了大样本指标的作用,求平均百分比忽视了不同评价指标对学术期刊的评价作用所存在的差异。

《总览》第二版至第六版和《要览》的筛选根据模糊数学理论建立了一套综合评价数学模式,这种统计方法的优点是消减了样本数据的相对评价值差异大小对统计效果的影响,但由于其计算过程复杂,使得统计、计算谬误导致的计算结果与实际情况的不符之处,较难找出原因。

第二节 政府主管部门建立的期刊评价体系

为了有效指导期刊质量评估工作,全面提高期刊出版的整体质量和效益,引导期刊出版的科学发展,政府主管部门制订了相关评估体系,其中以《社会科学期刊质量标准及质量评估办法(试行)》《全国报纸期刊出版质量综合评估指标体系(试行)》和教育部"高校哲学社会科学名刊工程"最有代表性和影响力。

一、《社会科学期刊质量标准及质量评估办法(试行)》

1995年6月6日,原新闻出版署(国家版权局)颁布了《社会科学期刊质量标准及评估办法(试行)》[①](以下简称《评估办法》),将社会科学期刊分为学术理论类、工作指导类、时事政治类、文学艺术类、综合文化生活类、教学辅导类、信息文摘类7类,在此将社科期刊的评分原则和方法、学术理论类期刊的质量标准及评估办法摘录如下。

(一)社科期刊的评分原则和方法

1.本质量标准和质量评估办法均包括以下4项内容:

A.政治标准　B.业务标准　C.编辑标准　D.出版标准

2.业务标准、编辑标准、出版标准总分共为100分,其中业务标准满分为40分,编辑标准满分为30分,出版标准满分为30分。

计算公式:总分 S=K(业务标准得分 A+编辑标准得分 B+出版标准得分 C),即 S=K(A+B+C)

3.根据得分情况将社科期刊分为三个级别:

---

① 《社会科学期刊质量标准及质量评估办法(试行)》,http://www.docin.com/p-315886003.html。

一级:100~90分;二级:89~75分;三级:74~60分。

4.政治标准得分用系数K来表示,数值范围为0.00~1.00,与其他3条标准所得总分相乘,为最后得分。

(二)学术理论类期刊质量标准

1.政治标准

(1)严格遵守国家宪法和法律。

(2)坚持党的基本路线,全面准确地宣传党的路线、方针、政策,严格遵守党的有关宣传纪律。

(3)遵守《中华人民共和国保守国家秘密法》,维护国家利益。

(4)认真贯彻党的民族、宗教政策,维护国家统一,促进民族团结和社会稳定。

(5)严格遵守党和国家有关新闻出版的方针、政策和法规,严格执行《期刊管理暂行规定》等期刊管理法规和制度。

(6)严格按照办刊宗旨及专业分工范围出刊,坚持"为人民服务、社会主义服务"的方向,认真贯彻党的"双百方针",促进社会科学学术事业的繁荣与发展。

2.业务标准

(1)学术水平:能代表该学科的学术水平,反映该学科的研究前沿和研究热点,在该学科的研究中起到促进作用。

(2)社会影响:关心社会现实,理论联系实际,在解决实际问题上作出突出贡献,或者对决策部门和管理部门的工作有较大的帮助。符合或基本符合上述要求并具有较大社会影响的文章占有一定比例。

(3)写作质量:所载文章论点明确,论据充分,概念严谨,推理逻辑严密,没有自相矛盾不能自圆其说的情况。

(4)刊物特色:与同一学科的众多期刊相比,在学术内容和风格上具有自己的特色。

3. 编辑标准

(1) 尊重知识产权,遵守《中华人民共和国著作权法》,在每篇文章后标明足够的参考文献,并在醒目位置标有英文目次、摘要及版权说明。

(2) 文字无繁简字混用。使用语言规范,语句简练,无病句,无生造名词、概念;无知识性、常识性错误;标题、目录页无差错,内文差错率符合规定标准。

(3) 标题、目录、图表、注释、公式、参考文献等编排规范;标点符号、数字及计量单位等书写格式符合国家规定。

(4) 版本记录齐全、完整和规范,主管单位、主办单位、印刷单位、发行单位、出版日期、刊期、主编(总编)姓名、发行范围、定价、刊号(包括分类号及取得国际标准刊号者)、广告经营许可证等无缺漏。

(5) 整体设计思想鲜明,符合刊物专业特色,全年具有连续性。

(6) 封面、插图、图片设计健康、新颖大方。封面刊名突出,年度期号及各种标识规范完整。

(7) 版式设计疏密得当,图文协调,字号选择既能体现编辑思想,又有较好的视觉效果。文章标题突出,转接页少、无逆转。

4. 出版标准

(1) 期刊的出版、印刷、发行、核验以及登记项目的变动,符合审批登记的有关规定。

(2) 按规定日期出版,不无故拖(脱)期,不随意出版增刊、合刊。

(3) 印成品字迹清晰、字体完整,版心周正;照片反差适度,层次分明;装订整齐、牢固,无缺损。

(4) 积极做好刊物的宣传征订工作,在创刊两年后,发行量达到与其读者对象相适应的水平。

(5) 遵守国家经营广告的有关法律、法规,刊载广告内容必须真实可靠,导向正确,广告设计美观、健康、大方。

(三)学术理论类期刊质量评估办法

1.政治标准

用系数 K 表示得分的高低:

a.K=1 完全符合6项政治标准。

b.K=0.90~0.99 基本符合政治标准(符合1~4项的要求),未完全达到5项、6项的要求。(每项可在0.05分范围内酌情扣除。)

c.K=0.80~0.89 轻微政治失误。(个别文章的观点或提法掌握不准,发生失误。)

d.K=0.60~0.79 一般政治失误。(文章的观点、提法或图片出现政治错误,但未造成严重后果且能及时改正。)

e.K=0 重大政治失误。(刊载内容出现违反政治标准的重大错误,或出现一般政治失误造成严重后果。注:严重后果指载体进入市场,产生极坏影响。)

2.业务标准(40分)

(1)学术水平:能代表该学科的学术水平,反映该学科的研究前沿和研究热点,在该学科的研究中起到促进作用。满分20分。

如果符合条件的文章占该刊总载文量的70%以上,且被有影响的文摘或索引类刊物收摘(《全国报刊索引》《人大报刊复印资料年度索引》等),或被列为《中文核心期刊要目总览》的,得20分。

如果其符合条件(如前项)的文章为50%~69%,被任何一种有影响的文摘或索引类刊物收摘,被某种学科核心期刊表收录的,得15分。

如果其符合条件的文章为30%~49%,被任何一种有影响的文摘刊物或索引类刊物收摘,未被列为任何核心期刊的,得10分。

如果其符合条件的文章为30%以下,未被文摘刊物收摘,且未被列为任何核心期刊的,酌情扣除10~20分。

(2)社会影响:关心社会现实,理论联系实际,在解决实际问题上作出突出贡献,在社会上引起重大反响的文章及比例。满分10分。

如每年能有3篇以上的得10分。

如每年有1~2篇的得6~8分。

如基本做到理论联系实际的得5分。

(3)写作质量:论点明确,论据充分,概念严谨,推理逻辑严密的文章篇数及比例。满分7分。

如合乎要求的文章数在80%以上得7分;在50%~79%之间得5~6分;在50%以下,或有前后矛盾,不能自圆其说的文章得3~4分;情况严重者得3分以下。

(4)刊物特色:与同一学科的众多期刊相比,在学术内容和风格上具有自己的特色。满分3分。

如很有特色得3分;如较有特色得2分;一般的得1分。

3.编辑标准(30分)

(1)尊重知识产权,遵守《著作权法》,在每篇文章后标明足够的参考文献,并在醒目位置标有英文目次、摘要及版权说明。满分5分。

出现违反《著作权法》的情况,此项不得分;出现有关知识产权方面的纠纷,乃至缺少以上所列项目要求,酌情扣除1~3分。

(2)文字无繁简字混用(涉及古文字、古代史、古典文学研究等除外),使用语言规范,语句简练,无病句,无生造名词、概念;无知识性、常识性错误;标题、目录面无差错,内文差错率符合规定标准。满分5分。

此项有10个内容,达不到要求的,每一个问题可扣0.5分,直到扣完。内文差错率标准为万分之一以上至万分之二扣0.5分,超过万分之二以上每增加万分之一扣1分,此项得分扣完后,从编辑标准总得分中扣除。

(3)标题、目录、图表、注释、公式、参考文献等编排规范;标点、符号、数字及计量单位等书写格式符合国家规定。满分 4 分。

前项达标的得 2 分,后项(书写格式)得 2 分。不合格者,酌情扣 1~2 分。

(4)版本记录齐全、完整、规范。满分 4 分。

共 11 项,缺一项或不规范的扣除 1~2 分,缺两项且不规范的(或缺两项以上的),扣 4 分。

(5)整体设计思想鲜明,符合刊物专业特色,全年具有连续性。满分 4 分。

特色鲜明的得 2 分,连续性得 2 分,不合要求的分别酌情扣除 1~2 分。

(6)封面、插图、图片设计健康、新颖大方。封面刊名突出,并有英文刊名,年度期号及各种标识规范完整。满分 4 分。

封面、插图、图片、刊名、英文刊名、年度期号及标识共 7 项,达不到要求的可分别扣除 0.5~1 分。

(7)版式设计疏密得当,图文协调,字号选择既能体现编辑思想,又有较好的视觉效果。文章标题突出,转接页少,无逆转。满分 4 分。

基本达到以上要求,可得 4 分,明显达不到的,可酌情扣除 1~2 分。

4.出版标准(30 分)

(1)期刊的出版、印刷、发行、核验、登记项目的变更及各项活动,符合审批登记的有关规定。满分 6 分。

其中有一项不合格者扣 1 分。有关规定主要指期刊登记证上所列项目。各项活动,包括经营、社会活动及记者证的管理,如有违反者,可扣除 1~3 分。

(2)按规定日期出版,不无故拖(脱)期,不随意出版增刊、合刊。满分 6 分。

如拖(脱)期 2 期(不含半年刊、年刊)以上,或擅自出版增刊、合刊者扣除全部分数。其他情况酌情扣除 1~2 分。

(3)印成品字迹清晰、字体完整;版心周正;照片反差适度,层次分明;装订整齐、牢固,无缺损。满分6分。

不合要求者,每处扣1分,达到或超过8处,此项不得分。

(4)刊物发行数量稳定并逐年增长。满分6分。

发行量稳定并逐年增长的得2~6分。

(5)遵守《广告法》等经营广告的法律、法规;广告内容真实、健康、导向正确;广告设计美观;无低级、虚假广告。满分6分。

共3项内容,每项各2分。如有违反的,可酌情扣分,直到扣完。

二、《全国报纸期刊出版质量综合评估指标体系(试行)》

2010年7月,原新闻出版总署颁布了《报纸期刊出版质量综合评估办法(试行)》①(新出字[2010]294号),12月又配套下发了《关于印发〈全国报纸期刊出版质量综合评估指标体系(试行)〉的通知》(以下简称《指标体系》),并于2011年1月1日正式施行。该体系分为基础建设条件、环境资源条件、出版能力和经营能力4个板块、17个类别约60余个具体指标。其中关于期刊的出版质量综合评估指标体系如下。

(一)制定指标体系的目的及适用范围

《指标体系》的目的为:"旨在建立全面反映报刊出版活动全流程的质量与效果评价的指标体系,形成报纸期刊出版优胜劣汰机制,发现和警示不合格出版主体,鼓励和扶持优秀报纸期刊做优做强,全面提高报纸期刊出版产业的整体质量和效益,引导报纸期刊出版主体向规模化、集约化方向科学发展。"其适用范围为:"该体系适用新闻出版总署对全国报纸期刊的出版质量进行分类评估使用,同时可作为各省级新闻出版行政部门评估当地报纸期刊出版主体时的参考。"

---

① 《社会科学期刊质量标准及质量评估办法(试行)》,http://www.docin.com/p-315886003.html。

(二) 指标体系的具体内容

表 4.4　全国期刊出版质量综合评估指标体系(试行)

一级指标	二级指标	三级指标		数据来源
基础建设条件	基本出版条件	办公场所		自报+专家赋值
		印刷手段		
		发行手段		
		技术设备		
	体制机制建设	法人资质情况		管理部门赋值
		基本出版制度		
		人事管理制度		
		收入分配制度		
	出版管理规范	主管主办单位职责落实情况		管理部门赋值
		出版行为规范		
		采编行为规范		
		报社负责人资质		
		经营违规		
		年度核验质量		
环境资源条件	政策环境	行业政策调控方向		管理部门赋值
	经济环境	所关注行业或专业领域的 GDP 水平(仅适用于专业类、行业类期刊)		统计数据
	市场环境	占同类期刊广告市场份额		自报+系统计算
		占同类期刊发行市场份额		
	出版资源	信息资源		自报+专家赋值
		所主办报刊数量		
	人力资源	出版主体总人数	人员岗位结构	自报+系统计算
			人员学历结构	
			人员职称结构	
			学科结构(仅适用于专业学术期刊)	

续表

一级指标	二级指标	三级指标		数据来源
出版能力	资本实力	总资产	固定资产	自报
			货币资金	
			期货证券	
		净资产		
	其他资源	拥有子公司的数量(全资或控股)		自报
		主管主办单位支持力度		
		荣誉度		
		专项经费资助		
	出版规模	年度总印数		自报
		年度总发行量		
		平均期发行量		
		年度总印张数		
	内容评价	导向正确性		管理部门+专家赋值
		内容与办刊宗旨的一致性		
		专业水准		
		学术诚信度(仅适用于学术期刊)		
		报道客观(公正仅适用于综合类期刊)		
		广告质量		
	编印质量	编校质量		专家赋值
		出版形式规范		
		印装质量		
	学术水准(仅适用于学术期刊)	总被引频次		专家赋值
		影响因子		
		他引总引比		
		基金论文比		
		Web即年下载率		
		年获奖论文数		
		国际论文比		
		国际编委比		

续表

一级指标	二级指标	三级指标		数据来源
	数字出版	纸质出版物数字化		自报+系统计算
		年度数字出版收入比例		
	国际化	版权输出、引入		自报+专家赋值
		海外出版、发行		
经营能力	经营规模	收入	年度广告收入	自报
			年度发行收入	
			年度其他收入	
		支出	纸张和印刷费用总额	
			年度稿酬总额	
			年度人员工资总额	
			年度员工培训支出总额	
			年度信息化投入额	
			年度社会公益捐赠额	
	经营效益	利润总额		自报
		纳税总额		
		全员劳动效率		

三、教育部"高校哲学社会科学名刊工程"

（一）"名刊工程"的启动与建设目的

高校社科学报作为哲学社会科学成果发布的重要载体,一方面对于学术科研事业贡献卓著,在我国学术期刊队伍中占有重要地位;另一方面也因办刊实力各有差异,其学术质量、学术影响参差不齐。高校学报一度被定位为以反映本校科研和教学成果为主的学术理论刊物,虽然各家学报逐渐扩大了校外用稿量,但不少学报还是以刊发本校作者来稿为主。早期的大部分高校学报是文理科论文综合刊发,后来改为文理分版,人文社科学报的内容和栏目设置大多涵盖诸多学科。突出的问题是:绝大多数学报基本属于综合性学术期刊,刊发内容同质化严重,缺乏刊物自身特色,"小而全"情况明显;由于学报由各校管理,学报设置的栏目又分散,难以形成合力;虽然数量众多,但有较高学术质量和较大学术影响力的刊物不多;也正是由于其综合性的特点,读者不愿意为几篇文章订阅整本期刊,发行量普遍偏少。

在国家积极推动繁荣哲学社会科学的大背景下,2002年7月,教育部召开了全国高校社科学报工作研讨会,时任教育部副部长的袁贵仁在开幕式上作了题为《新世纪新阶段高校社科学报工作的形势和任务》的主报告。教育部于2002年9月11日印发了《全国高校社科学报工作研究会会议纪要》(教社政厅[2002]5号),会议在肯定高校社科学报工作成绩的同时,认为"不少高校社科学报满足现状,'等、靠、要'思想较重,主动进取精神不够,改革创新意识不强;相当一部分学报定位不清,选题雷同,个性、特色不够鲜明;发行量普遍偏小等。对这些问题应当高度重视,切实加以解决"。会议讨论了高校社科学报改革发展的方向和思路,提出"要树立特色化的发展理念,走特色化的发展道路""改变高校社科学报目前'全、散、小、弱'的状况,争取向'专、特、大、强'方向发展"。会议决定启动"高校哲学社会科学名刊工程""选择若干重点大学的优秀学报进行重点扶持,争取在三五年内形成一二十家在高校系统中最好的、高水平的大刊、名刊。通过教育部和主办高校共同努力和支持,帮助这些刊物进一步发展"。[①]

教育部于2002年9月13日印发的《教育部关于加强和改进高等学校哲学社会科学学报工作的意见》(教社政[2002]10号)指出:"要充分认识高校社科学报的地位与作用。高等学校哲学社会科学学报是高等学校主办的、刊登哲学社会科学研究论文的高层次学术理论刊物,是高等学校教学科研工作和我国哲学社会科学事业的重要组成部分。它连续、集中、全面反映高校教学科研成果,是传播社会主义先进文化的重要载体,是展示高校学术水平的重要窗口,是开展国内外学术交流的重要桥梁,是发现培养学术人才的

[①] 教育部文件:《关于印发〈全国高校社科学报工作研讨会会议纪要〉的通知》(教社政厅[2002]5号),2002年9月11日。

重要园地,是塑造学校形象、创造学校品牌的重要途径,在推动高等学校教学科研和繁荣发展我国哲学社会科学,在承担哲学社会科学'认识世界,传承文明,创新理论,咨政育人,服务社会'的神圣职责中,占有十分重要的地位,具有不可替代的作用。""要精心选择一些学校学术实力雄厚、办刊基础较好的学报,在教育部和高校大力支持下,争取在三五年内创出一二十家在国内外有较大影响的高水平的大刊名刊,以此带动全国各高校学报整体质量的提高"①。

2003年1月10日,教育部印发了《教育部高校哲学社会科学名刊工程实施方案》(教社政〔2003〕12号),正式启动"高校哲学社会科学名刊工程"(以下简称"名刊工程"),"旨在通过典型的示范、引导作用,促进社科学报进一步深化改革,开拓创新,整体水平再上新台阶"②。

(二)"名刊工程"入选条件③

1.坚持正确的政治方向和办刊宗旨,学术定位准确,形成了鲜明的特色。

2.坚持理论联系实际,在基础理论和应用理论研究方面,特别是在研究解决国家或地区经济社会发展中具有全局性、前瞻性、战略性的重大问题上推出了一批具有原创性和创新性的重大成果,有较高的社会知名度。

3.坚持改革创新,树立开放式的办刊理念,形成切实可行的办刊机制,建立科学高效的管理体制和运行机制,增强刊物的活力和竞争力。

4.主办高校具有较深厚的人文社科基础、较强大的学术研究队伍和学科优势;学校重视社科学报工作,指导和支持学报的改革与发展,给予学报一定的人事、分配、财务自主权。

---

① 教育部文件:《关于加强和改进高等学校哲学社会科学学报工作的意见》(教社政〔2002〕10号),2002年9月13日。
② 教育部文件:《教育部高校哲学社会科学名刊工程实施方案》(教社政〔2003〕12号),2003年1月10日。
③ 同上。

5.注重编辑队伍的建设,拥有一支政治强、业务精、素质高的编辑队伍。

(三)"名刊工程"建设标准①

名刊工程是国家重点支持的、为进一步加强高校哲学社会科学研究、展示我国高校哲学社会科学研究成果的一个重大工程。经过5年的建设,进入名刊工程的高校社科学报应达到以下标准:

1.能够在哲学社会科学领域引领学术研究的方向,推出一批在国内外学术界产生重大影响的特色栏目和优秀论文,为推动我国哲学社会科学理论的建设和发展提供新鲜观点、材料和方法。其中,发表省部级以上基金项目论文占所发文章总数的20%以上。

2.刊物的社会影响明显扩大,在南京大学中国社会科学研究评价中心研制的《中文社会科学引文索引》(CSSCI)、北京大学图书馆研制的《中文核心期刊要目总览》、中国社会科学院文献信息中心研制的《中国人文社会科学核心期刊要览》等文献计量和统计中的综合排位,列于高校社科学报前10名,综合性社科学术期刊前20名。

3.学术质量有明显提高,有一批获得省部级以上优秀社科成果奖的论文。

4.积极吸引刊发国内外知名学者优秀论文,注意大力扶持学术新人,推动我国哲学社会科学研究队伍的建设。其中,特别是特色栏目的校外稿件要占有相当的比例。

5.形成科学的办刊机制,确立现代办刊理念,实行开门办刊,建立科学高效的内部管理制度,逐步实行国际通行的双向匿名审稿制度。

---

① 教育部文件:《教育部高校哲学社会科学名刊工程实施方案》(教社政[2003]12号),2003年1月10日。

(四)"名刊工程"评审办法①

1.评审原则

(1)公平、公开、公正;

(2)注重质量,宁缺毋滥;

(3)定性标准和定量标准相结合;

(4)回避原则。

2.评审标准

依据新闻出版总署公布的《中国社会科学期刊质量标准》,结合高校社科学报的特点制定相应的评审标准。

在评审中,在主办单位高度重视和积极支持的基础上,参考以下四个方面的因素:

(1)在新闻出版总署组织的历次评奖活动中的获奖情况;

(2)在南京大学中国社会科学研究评价中心研制的《中文社会科学引文索引》(CSSCI)中的数据及排序;

(3)北京大学图书馆研制的《中文核心期刊要目总览》、中国社会科学院文献信息中心研制的《中国人文社会科学核心期刊要览》所提供的数据及排序;

(4)《新华文摘》《中国社会科学文摘》《中国高校文科学报文摘》所提供的数据及排序。

3.评审程序

(1)申报。由普通高等学校社科学报的主办单位向评审办公室申报。

(2)资格审查。由评审办公室根据申报材料进行资格审查。

---

① 教育部文件:《教育部高校哲学社会科学名刊工程实施方案》(教社政〔2003〕12号),2003年1月10日。

(3)评审。由专家委员会评审。

(4)公示。评审结果在有关新闻媒体上公示一个月,如有疑议,报评审办公室核查。

(5)审定。根据公示反馈意见,领导小组审议。

(五)"名刊工程"评审标准①

表4.5 第三批高校哲学社会科学名刊工程评审标准

一级指标	二级指标	三级指标	指标内容	备注
学报质量	政治标准	坚持正确的办刊方向	1.遵守国家宪法和法律,遵守《中华人民共和国著作权法》和《中华人民共和国保守国家秘密法》的情况 2.坚持党的基本路线,全面、准确地宣传党的路线、方针、政策,遵守党和国家的出版宣传工作纪律,执行《出版管理条例》和《期刊出版管理规定》等法规和制度的情况 3.坚持正确的舆论导向和"为人民服务、为社会主义服务"的政治方向,贯彻党的"双百方针",按照办刊宗旨及专业分工范围出刊的情况 4.贯彻党和国家的民族政策、宗教政策、对外政策,维护国家利益,促进祖国统一、民族团结和社会稳定的情况	用乘以系数的办法衡量,系数用K表示,完全符合4项政治标准K=1,依次递减
	学术标准	学术水平	1.获"五个一工程"论文奖、2005—2008年获教育部人文社科优秀成果奖的论文、2005—2008年刊发获省部级以上优秀成果奖的论文的情况 2.2005—2008年4年刊发论文中省部级基金项目所占比例 3.2005—2008年被有影响的二次文献刊物(指《中国社会科学文摘》、《新华文摘》、《高校文科学术文摘》、中国人民大学报刊复印资料)转摘的比率(以篇次计,论点摘编类不计)	
		总体策划、栏目设置	1.办刊思路和总体策划情况 2.栏目设计和重点栏目的开设情况 3.刊物的特色体现	

---

① 教育部文件:《关于高校哲学社会科学名刊工程建设第三批学报申报工作的通知》(教社科厅函〔2009〕7号),2009年3月3日。

续表

一级指标	二级指标	三级指标	指标内容	备注
		学风建设和学术规范	1.是否注重学术规范建设,自觉抵制不良学术风气 2.所刊发的文章是否符合学术论文的写作规范和编辑规范、遵守《中华人民共和国著作权法》和国家语言文字规范	
		期刊影响	1.是否入选过国家期刊奖、提名奖、百种重点社科期刊 2.2005—2008年的CSSCI排名 3.是否入选新版中文社会科学引文索引(CSSCI)来源期刊、中国人文社会科学核心期刊要览(中国社会科学院)、中文核心期刊要目总览(北京大学)	
	编校标准	差错率		
	出版标准	有关出版的项目变更符合审批登记的有关规定	视违反规定情节扣分	
		按时出刊	视违反规定情节扣分	
		版本记录齐全		
		封面、版式设计得体,印刷美观		
		有广告经营许可证,遵守《广告法》	视违反规定情节扣分	
		学校领导对学报工作的管理和指导	1.校级领导中是否有专人分管学报工作,学校领导班子是否坚持每年至少听一次学报工作的汇报,研究解决学报发展中出现的问题和困难 2.主管领导是否了解和掌握学报编辑计划,对涉及重大政治问题的稿件能否严格把关	

续表

一级指标	二级指标	三级指标	指标内容	备注
主办单位对学报建设和管理工作	学校管理	学报工作在学校整体工作计划中的地位和学校支持名刊工程建设的规划和措施	在学校发展规划中是否对学报发展和建设有明确的要求和定位,学校支持名刊工程建设的规划和措施	
		专职主编及副主编	主编、副主编是否为专职	
	编辑人员状况	主编素质	主编的政治素质、业务水平、学术素养及职称	
		职称和学历结构	1.具有高级职称的人数比例 2.具有博士学位的人数比例	
		年龄结构	1.55岁以下高级职称人数比例 2.45岁以下人员所占比例	
	办刊经费	主办单位办刊经费支持力度	每年办刊经费数额	
	办刊条件	办公用房	办公用房面积	
		图书资料建设	马克思主义经典著作和基本工具书、报刊配置情况、种数	
		办公设备	1.办公设备配置情况 2.是否建有独立的网页 3.是否建有专用的电子信箱	
编辑部内部管理与制度建设		建设规划和措施	1.建设目标是否明确 2.是否有具体的改革措施和规划且可行	
		规章制度建设与实施	1.各种规章制度是否完善 2.各项制度能否体现改革精神 3.用人制度是否符合实际需要,是否建立严格、科学的绩效考核指标体系 4.分配制度是否科学、合理	
		工作流程管理	1.是否实施同行专家评审 2.是否建立和执行三审制度 3.工作流程是否科学、高效 4.是否实行匿名审稿制度	

续表

一级指标	二级指标	三级指标	指标内容	备注
		编辑队伍建设	1.编辑部主办或参与主办高层次的学术研讨会的情况 2.编辑是否具有策划和组稿能力 3.编辑参加学术会议和科研活动的情况 4.编辑接受业务培训的情况	

(六)"名刊工程"入选名单

2003年公布的"名刊工程"首批入选名单(11种):《北京大学学报》(哲学社会科学版)、《文史哲》、《南京大学学报》(哲学·人文科学·社会科学)、《中国人民大学学报》、《复旦学报》(社会科学版)、《北京师范大学学报》(社会科学版)、《思想战线》、《厦门大学学报》(哲学社会科学版)、《吉林大学社会科学学报》、《南开学报》(哲学社会科学版)、《陕西师范大学学报》(哲学社会科学版)。

2006年公布的"名刊工程"第二批入选名单(8种):《武汉大学学报》(哲学社会科学版)、《华东师范大学学报》(哲学社会科学版)、《浙江大学学报》(人文社会科学版)、《求是学刊》、《广西民族大学学报》(哲学社会科学版)、《当代经济科学》、《现代传播——中国传媒大学学报》、《华中师范大学学报》(人文社会科学版)。

2010年、2011年公布的"名刊工程"第三批入选名单(11种):《清华大学学报》(哲学社会科学版)、《外语教学与研究》、《政法论坛》、《中央音乐学院学报》、《四川大学学报》(哲学社会科学版)、《兰州大学学报》(社会科学版)、《南京师大学报》(社会科学版)、《中山大学学报》(社会科学版)、西南财经大学《经济学家》、《中国青年政治学院学报》、上海大学《社会》、河南大学《史学月刊》。

(七)"名刊工程"的影响

从"名刊工程"产生的实际效果和影响来看,其督促了高校对学报名刊建设工作的支持,为学报的发展创造了更好的条件,使学报在高校科研、教学、人才培养、学科建设、学术评价、国际交流等方面发挥了更显著的作用;对未入选学报产生了显著的引领作用,树立了建设榜样,在学报群中产生了明显的促进提高作用。"名刊工程"的实施应该说是比较成功的,但相对于当初提出的"学报三个层面的改革思路:一是走整合之路,二是走联合之路,三是走内涵发展之路"①的设想目标还有一定的差距,需要做出进一步努力。

在这方面,全国高等学校文科学报研究会与中国知网合作创办的"中国高校系列专业期刊"就是一个很有前景的积极尝试,由清华大学学报编辑部牵头,全国众多高校文科学报通力配合,将各文科学报发表的各学科优质学术论文按照学科专业整合为专业网刊,目前已创办了《马克思主义学报》《文学学报》《历史学报》《哲学学报》《政治学报》《经济学报》《法学学报》《社会学报》《教育·心理学报》《传播学报》《民族·人类学报》《艺术学报》《儒学研究》《三农问题研究》《青少年研究》《资源环境研究》《区域文化研究》共十七本专业网刊。这是目前促进高校学报走整合、联合、内涵发展之路,实现高校学报分科化、集约化发展的最有力的举措。

四、关于政府主管部门制定的期刊评价体系的讨论

(一)注重全面评估

从政府主管部门对期刊的评审标准设置可以看出,其评价目的是对期刊出版质量的整体评估和对期刊工作的全面评价。《评估办法》的评价内容分为政治标准、业务标准、编辑标准、出版标准四个标准;《指标体系》的一级指标包括基础建设条件、环境资源条件、出版能力和经营能力四个板块;"名刊工程"的一级指标包括学报质量、主办单位对学报建设和管理工作、编辑部内部管理与制度建设三个方面。

---

① 教育部文件:《关于印发〈全国高校社会科学学报工作研讨会会议纪要〉的通知》(教社政厅〔2002〕5号),2002年9月11日。

《指标体系》面向社科期刊整体开展评估,并非是针对学术期刊评价而设计的,所以其评价内容最为广泛,对学术期刊的经营能力进行评价就属此例。即使是《评估办法》中的学术理论类期刊质量标准和"名刊工程"的评审,也同样兼顾学术期刊的全面工作。如"名刊工程"的二级指标包括政治标准、学术标准、编校标准、出版标准、学校管理、编辑人员状况、办刊经费、办刊条件等,三级指标包括办刊方向、学术水平、总体策划、栏目设置、学风建设和学术规范、期刊影响、差错率、有关出版的项目变更是否符合审批登记的有关规定、是否按时出刊、版本记录是否齐全、封面和版式设计是否得体、印刷是否美观、是否遵守《广告法》、学校领导对学报工作的管理和指导、学报工作在学校整体工作计划中的地位和学校支持名刊工程建设的规划和措施、专职主编及副主编、主编素质、职称和学历结构、年龄结构、主办单位办刊经费支持力度、办公用房、图书资料建设、办公设备、建设规划和措施、规章制度建设与实施、工作流程管理、编辑队伍建设等。这也就不难理解入选的个别期刊在专业机构研制的学术期刊评价体系中排名并不太靠前的现象。① 从主管部门角度出发,出台这样的评审标准是为了引导学术期刊建设的方向,让更多的未入选者以这些评审标准要求自身、查找不足,对学术期刊工作加大人、财、物的投入,促进学术期刊办刊质量的整体提高。

(二)现有评估体系依然无法解决学术期刊发展方向问题

《指标体系》提出的"引导报纸期刊出版主体向规模化、集约化方向科学发展","名刊工程"倡导的"要树立特色化的发展理念,走特色化的发展道路""改变高校社科学报目前'全、散、小、弱'的状况,争取向'专、特、大、强'方向发展"思路,虽然在指标设计上有一定程度的体现,但依然无法真正解决学术期刊的发展方向问题,对学术期刊迫切需要解决的办刊体制问题产生的影响也很小。学术期刊的基本格局没有因政府主管部门实施的期刊评

---

① 汪继南:《高校哲学社会科学名刊学术影响力测度》,《情报资料工作》2008年第4期。

估发生变化,学术期刊的座次排序在历次评估中基本保持不变,排在前面的依然是那些老面孔。① 由此可见,促进学术期刊走整合、联合、内涵发展之路,实现学术期刊分科化、集约化发展,并不能通过现有的政府主管部门制定的期刊评价体系得到解决。

(三) 评价学术期刊应将学术质量放在首位

从政府主管部门的角度出发,全面评估学术期刊的各项工作是可以理解的,这样做是为了从政治标准、业务标准、编辑标准、出版标准等几个方面严格规范学术期刊出版;从学术期刊的基础建设条件、环境资源条件、出版能力和经营能力几个角度引导学术期刊的建设和办刊水平的整体提升。但对于学术期刊来讲,学术质量无疑是第一位的,学术质量是学术期刊的生命。一家基础建设条件、环境资源条件较差的学术期刊比之条件好的学术期刊,其学术质量反而更好,这是该褒奖呢还是责难呢? 如果按照现有的评价标准实施评价,那么就是对这样的学术刊物的不公平对待。

(四) 定量指标加权法评价学术期刊的不足

政府主管部门指定的学术期刊评价体系普遍使用定量指标加权法,即由专家对已有的定量指标评价数据分类加权后,再进行加权评价数值排序,得出的就是最终评价结果。这种评价方法虽然有专家定性评价的参与,但由于是对各类指标加权后的排序,在各类指标加权中看似些微、不影响分类排名的误差会在最终的评价数值上或获得叠加、或获得抵消。获得抵消当然是好事,但获得叠加就会影响到最终评价结果的公正性,而是叠加还是抵消大多时候是难以分辨的。相对政府主管部门指定的学术期刊评价体系,专业机构研制的学术期刊评价体系基本上采用调整定量指标排序法,即在使用定量指标综合评价方法获得学术期刊排名的基础上,按照定性评价适

---

① 张楠:《我国政府部门期刊评价历程及得失分析》,《出版科学》2012 年第 2 期。

当给予调整。在这方面的评价实践中,调整定量指标排序法的确优于定量指标加权法。

第三节 行业学会创建的期刊评价体系

与期刊行业有关的社会组织有中国期刊协会、中国编辑学会、中国出版协会、全国高等学校文科学报研究会、中国高校科技期刊研究会等全国性社会组织和北京社会科学学报研究会、河北书报刊出版协会、湖北省期刊协会等地方性社会组织。一些行业组织连续举办了不同类型的评优、评奖活动,以促进期刊质量和办刊水平的普遍提高,其中影响较大和最有代表性的要数全国高等学校文科学报研究会举办的四届评优活动。该评优活动面向全国高等学校人文社会科学学报及有关高校社科学术期刊。从第二届起,评优结果以《中国人文社科学报核心期刊概览》(以下简称《概览》)的形式公布,入选的社科学报即为中国人文社科学报核心期刊。

一、奖项设立

第一届高校社科期刊评优活动(1999年)共评出"双十佳学报奖"20家,"百强学报奖"100家,"优秀学报奖"86家,"质量进步奖"33家,"栏目策划奖"3家,"整体设计奖"3家,"特殊贡献奖"1家。

第二届高校社科期刊评优活动(2002年)共评出"全国双十佳社科学报"22家,"全国百强社科学报"112家,"全国优秀社科学报"125家,单项奖72家。

第三届高校社科期刊评优活动(2006年)共评出"全国社科学报名刊"11家,"全国三十佳社科学报"30家,"全国百强社科学报"154家,"全国优秀社科学报"202家,"全国质量进步社科学报"48家,"特殊贡献奖"1家,

"全国社科学报名栏"16家,"全国社科学报优秀栏目"116家。①

第四届高校社科期刊评优活动(2010年)共评出"全国高校社科名刊"26家,"全国高校三十佳社科期刊"34家,"全国高校百强社科期刊"160家,"全国高校优秀社科期刊"219家,"特殊贡献奖"1家,"特色栏目"204家。②

二、遴选原则、标准及办法

(一)遴选原则

《概览》的遴选原则为:"除根据国际通行的文献计量学所提供的有关数据外,还从中国高校社科学报的实际出发,组织有关专家成立有权威的评委会,对刊物的方向、学术水平、编校质量、出版印刷质量等重要指标做出全面评估和鉴定"③。从中可以看出《概览》的遴选实行定性评价与定量评价相结合的方法,定性评价主要体现在使用了定性评价指标,定量评价主要体现在采用了专业机构研制的学术期刊评价体系的评价结果。

(二)评优质量标准及评审办法④

《概览》历次的评优质量标准及评审办法基本保持不变。

1.政治标准及评估方法

(1)政治标准:

①严格遵守国家宪法和法律。

②坚持党的基本路线,全面、准确地宣传党的路线、方针、政策,严格遵守党的有关宣传纪律。

---

① 中国人文社会科学学报学会:《学术·学报·学会》,武汉大学出版社2008年版。
② 《关于公布第四届全国高校社科期刊评优活动结果的通知》,http://www.cusjs.com/page/default.asp?ID=556,2014-3-26。
③ 龙协涛:《中国人文社科学报核心期刊概览》,高等教育出版社2003年版。
④ 《全国高等学校文科学报研究会关于开展第五届评优活动的通知》,http://www.cusjs.com/page/default.asp?ID=702,2014-3-28。

③遵守《中华人民共和国保守国家秘密法》,维护国家利益。

④认真贯彻党和国家的民族政策、宗教政策、对外政策,维护国家利益,促进祖国统一、民族团结和社会稳定。

⑤严格遵守党和国家有关新闻出版的方针、政策和法规,严格执行《期刊出版管理规定》等法规和制度。

⑥严格按照办刊宗旨及专业分工范围出刊,坚持正确的舆论导向和"为人民服务、为社会主义服务"的政治方向,认真贯彻党的"双百方针",促进社会科学的繁荣与发展。

(2)评估方法:

用系数 K 表示得分的高低:

①K=1 完全符合 6 项政治标准。

②K=0.90~0.99 基本符合政治标准(符合 1~4 项的要求),未完全达到 5、6 项的要求(每项可在 0.05 分范围酌情扣分)。

③K=0.80~0.89 轻微政治失误(个别文章的观点或提法掌握不准,发生失误)。

④K=0.60~0.79 一般政治失误(文章的观点、提法或图片出现政治错误,但未造成严重后果且能及时改正)。

⑤K=0 重大政治失误(刊载内容出现违反政治标准的重大错误,或出现一般政治失误造成严重后果)。

注:严重后果指出版物进入市场,产生极坏影响。

2. 业务标准(50 分)

(1)学术水平:(满分 20 分)

①被有影响的文摘刊物(指《新华文摘》《高校文科学术文摘》《中国社会科学文摘》《人大复印资料》)转摘率 40% 以上,得 8~10 分;20%~40%,得 7 分;20% 以下,得 0~6 分。

②根据南京大学中国社会科学评价研究中心对期刊的排序,凡被引频

次、影响因子、当年被引指数3项平均排在前30名的,得8~10分;在31~50名的,得6~7.9分;在51~70名的,得4~5.9分;在61~80名的,得2~3.9分;80名以后者,得0.1~1.9分。

(2)社会影响:(满分20分)

①入选教育部名栏建设的学报得4分。

②如每年有3篇以上文章有较大反响,或被权威文摘刊物转载,或获省部级以上优秀成果奖、"五个一工程"奖,得7分;如每年有1~2篇文章有较大反响的,得4~5分;其他,3分以下。

③入选中国人文社会科学引文数据库来源期刊(南京大学)、中文核心期刊要目总览(北京大学)、中国人文社会科学核心期刊(中国社会科学院)者,可得9分。(每项3分)

(3)写作质量:所载文章论点明确,论据充分,概念严谨,逻辑推理严密,无自相矛盾、不能自圆其说的情况。(满分5分)

(4)尊重知识产权,遵守《中华人民共和国著作权法》,参考文献完整无误,并在醒目位置标有英文目次、摘要及版权说明。(满分5分)

①出现有关知识产权方面的纠纷者,酌情扣除1~3分。

②出现违反《中华人民共和国著作权法》的情况,此项不得分。

3.编辑标准(30分)

(1)办刊思路明确;内容与风格具有连续性;具有自己的特色;栏目设置合理。(满分4分,每项1分)

(2)封面、图片设计健康、新颖、大方,图文搭配适度,符合刊物特点,全年具有连续性;封面刊名突出,并有汉语拼音及英文刊名、年度期号及各种规范完整的标识。(满分3分)

(3)规范使用汉字;无知识性、常识性错误,标题、目次页无差错。(满分4分)

(4)标题、目次、图表、公式、注释、参考文献等编排规范;标点符号、数字

及计量单位等书写格式符合国家标准。(满分4分)

(5)版本记录齐全、完整和规范,主办单位、出版单位、印刷单位、发行单位、出版日期、主编(总编)姓名、发行范围、定价、刊号(包括分类号及取得国际标准刊号者)、广告经营许可证(指凡刊登了广告的)等无缺漏。(满分3分)

(6)版式设计疏密得当,字号选择既能体现编辑思想,又有较好的视觉效果;文章标题突出,转接页少,无逆转。(满分2分)

(7)校对质量满分为10分,差错率依次为0.25‰以下、0.5‰以下、1‰以下得10、8、6分,超过1‰者为不合格出版物,不得分。

4.出版标准(20分)

(1)期刊的出版、印刷、发行、核验、登记项目的变更及各项活动,符合审批登记的有关规定。(满分5分,其中有1项不合格的扣除1分)

(2)按规定日期出版,不无故拖(脱)期,不随意出版增刊、合刊。(满分5分)

(3)印成品字迹清晰、字体完整,版芯周正;照片反差适度,层次分明;装订整齐、牢固,无缺损。(满分6分)

(4)遵守《广告法》等经营广告的有关法律、法规;无低级、虚假广告。(满分4分)

第四节 转摘数据统计机构研发的学术期刊评价体系

《新华文摘》《中国社会科学文摘》《高等学校文科学术文摘》《人大复印报刊资料》等二次文摘按照各自的选文标准对原发期刊进行的全文转载、论点摘编、篇目辑览、索引编制等的数量(被摘量)和与原发期刊载文量的比值(被摘率),是分析原发期刊办刊质量和刊物影响力等状况的重要评价指标之一,一直以来都受到期刊界、学术界、科研管理界的关注。一些机构基于各家二次文摘刊物转载统计数据研发了学术期刊评价体系,如中南财经政法大学图书馆的年度"学术期刊被转载、摘录量排行榜";也有基于一家二次文摘刊物转载统计数据研发的学术期刊评价体系,如中国人民大学书报资料中心的"年度'复印报刊资料'转载学术论文指数排名"和"'复印报刊资料'重要转载来源期刊"。

基于被摘数据研发的学术期刊评价体系与其他学术期刊评价体系最主要的不同在于,其主要评价指标或者仅为被摘量(率)(中南财经政法大学图书馆的年度"学术期刊被转载、摘录量排行榜"),或者在被摘量(率)指标的基础上再加上同行评议指标(中国人民大学书报资料中心的"年度'复印报刊资料'转载学术论文指数排名"和"'复印报刊资料'重要转载来源期刊"),其主要依据是对学术期刊刊载论文的定性评价结果。

一、中南财经政法大学图书馆的年度"学术期刊被转载、摘录量排行榜"[①]

中南财经政法大学图书馆提供的检索咨询服务报告和各类期刊被转载/摘登篇数的排序表,在被引指标还未广泛应用时期被各级期刊管理部门作为期刊评审的重要依据。中南财经政法大学图书馆还开发了《中国社会科学期刊信息检索数据库》,建立了全方位的全国社科期刊被转载篇目的检索和排序系统,面向社会提供关于社科期刊被转载、转摘和排序等方面的信息,成为该图书馆的一项特色数据库资源。

该数据库可检索 1994 年以来各期刊被转载、摘登的篇目信息,并提供转载、摘登篇次的多种排序比较,包括来自 136 条转载途径的《转载篇目排序总表》《人大复印报刊资料 110 个专题转载篇目排序总表》《新华文摘转载篇目排序表》《中国社会科学文摘转载篇目排序表》《高等学校文科学术文摘转载篇目排序表》等重要二次文摘的专门排序表,《马列主义哲学类转载篇目排序表》《政治类转载篇目排序表》《法律类转载篇目排序表》《经济类转载

---

① http://lib.znufe.edu.cn/Serverce.asp?id=4&menu=f,2014-4-12。

篇目排序表》《教育类转载篇目排序表》《文学艺术类转载篇目排序表》《历史地理类转载篇目排序表》等分学科转载篇目排序表,《全国综合性大学学报被转载篇目排序表》《全国财经类院校学报被转载篇目排序表》《全国政法类院校学报被转载篇目排序表》《全国综合性社会科学类期刊被转载篇目排序表》《全国金融类期刊被转载篇目排序表》《全国党校学报被转载篇目排序表》《全国教育学院学报被转载篇目排序表》《全国会计审计类期刊被转载篇目排序表》《全国理工类大学学报被转载篇目排序表》《全国民族学院学报被转载篇目排序表》《全国师范大学(含学院)学报被转载篇目排序表》《全国师范专科学校学报被转载篇目排序表》《全国职业院校学报被转载篇目排序表》等院校分类转载篇目排序表等。

二、年度"复印报刊资料"转载学术论文指数排名和《"复印报刊资料"重要转载来源期刊》[①]

成立于1958年的中国人民大学书报资料中心,是新中国最早从事人文社会科学文献搜集、整理、编辑、发布的信息资料提供机构。早期创办的"复印报刊资料"文摘系列期刊的编辑方针是:将散见于各类报刊的某学科的全文复印(后改为重新排版)、编辑成册,以方便人文社会科学的研究人员获取和阅读,在互联网时代之前的很长一段时间内是人文社会科学研究文献的重要来源。

随着我国人文社会科学研究的迅猛发展,每年发表的论文数量大量增加,"复印报刊资料"文摘系列期刊已不能承载较为全面的文献全文复印工作,编辑方针随之调整为:优中选优,兼顾全面,所选论文应能代表某学科研究的最高、最新水平,反映学科研究的热点、难点、创新点、基本点和重大课题的研究成果,避免遗漏影响大的学术佳作。为此广泛邀请了各学科的知名专家参与审稿和遴选,以提高入选学术论文的学术质量,此举也就赋予了

---

① http://www.zlzx.org/,2014年3月30日。

"复印报刊资料"对于学术论文进行评价的新功能。①"精选千家报刊,浓缩学术精华"成为"复印报刊资料"的编选宗旨,"复印报刊资料"得以与其他重要的二次文摘刊物一样,也被作为评价人文社会科学期刊和论文的学术影响的标准之一。"复印报刊资料"基本覆盖了我国人文社会科学所有一级学科,对于一些交叉性较强的学科和边缘性学科也有综合类期刊相对应。所转载论文经过编辑初选、复选和专家顾问终审等专业化流程最终选定。"复印报刊资料"选择了6个评议核心指标,即学术创新程度、论证完备程度、社会价值、难易程度、课题立项、发表载体,作为评文和选文的标准。互联网的普遍应用,使得"复印报刊资料"在广泛获取文献方面的重要性有所降低,书报资料中心进一步加强了在学术论文评价方面的工作,推出了年度"复印报刊资料"转载学术论文指数排名和2012年版、2014年版《"复印报刊资料"重要转载来源期刊》。

(一)年度"复印报刊资料"转载学术论文指数排名

自2001年起,中国人民大学书报资料中心(2008年10月成立中国人民大学人文社会科学学术成果评价研究中心后,改为以两个单位的名义)在每年3月份通过《光明日报》等多家媒体发布上一年度的"复印报刊资料"转载学术论文指数排名(以下简称"转载指数排名")。

1.排名分类和排名数量

2000年"转载指数排名"分为原发报刊排名和作者单位排名两大类。这两大类又被分为综合排名和哲学宗教类,法律类,政治类,教育科学类,经济类,语言文字、文学艺术类,历史、地理类,文化、科学、体育类八大类,分类排名的类别设置参考了中国图书馆分类法。其中原发报刊排名又分为期刊综合排名、报纸综合排名、学报综合排名3类,各排名到前10位,期刊分类各排

---

① 赵丹群:《"复印报刊资料"的学术评价功能》,《情报资料工作》2008年第5期。

名到前 20 位;作者单位中的综合排名和各分类排名排到前 10 位。

2001 年"转载指数排名"在分类排名中增设了"社会科学总论类",在原发报刊排名中取消了报纸综合排名。期刊排名为前 20 名,作者单位排名为前 20 名,全文转载篇数相同时,以收录索引数量多少决定先后次序。

2002—2006 年度"转载指数排名"分为原发报刊综合排名、原发报刊分类排名和作者单位综合排名。在原发报刊综合排名中,改分为综合期刊排名,高等院校学报排名,省市级社科院、社科联期刊排名和党校、行政学院期刊排名。2002—2004 年度作者单位排名只列出综合排名,不再列出作者单位分类排名。2005—2006 年度转载排名取消了作者单位排名。各类排名公布至前 30 名,全文转载篇数相同时,以收录索引数量多少决定先后次序。

2007 年度"转载指数排名"又恢复了作者单位综合排名;原发报刊学科分类也从以前的 9 类增加到 12 类,类别设置参考了中国图书馆分类法和教育部的学科分类,分为马克思主义,哲学与宗教学,社会学,政治学,法学,经济学,管理学,教育学,文学,艺术学,史学,图书馆学、情报学。各类排名公布至前 30 名,全文转载篇数相同时,以收录索引数量多少决定先后次序。

2008—2009 年度"转载指数排名"大的分类保持不变,学科分类调整为 13 类,分为马克思主义,哲学,社会学与民族学,政治学,法学,经济学,管理学,教育学、心理学、体育,语言文学,艺术学,历史学,图书馆、情报与档案管理,新闻传播学。原发期刊排名到前 30 位。2009 年度原发期刊综合性期刊排名到前 100 位,高等院校学报排名到前 50 位,社科院、社科联综合性期刊、党政干部院校学报和学科分类期刊排名到前 30 位。作者单位排名更加细分:分为高等院校总排名(前 100 位),高等院校分学科排名(前 10 或 20 位),高等院校二级院所分学科排名(前 10 或 20 位),社科院、社科联总排名(前 10 位),党政干部院校总排名(前 10 位)5 类。

2010—2014 年度"转载指数排名"将学科分类细化为 17 类:哲学、经济学(又下分为理论经济学、应用经济学)、法学、政治学、社会学、民族学、马克思主义理论、教育学、心理学、体育学、语言文学(又下分为中国语言文学、外国语言文学)、新闻传播学、艺术学、历史学、地理学、管理学(又下分为工商管理、农林经济管理、公共管理)、图情档(图书馆学、情报学与档案管理学)。综合性期刊总排名、高等院校学报排名到前100位,社科院、社科联综合性期刊和党政干部院校学报排名到前30位,学科分类期刊排名至前5~30位。机构学术论文指数排名中高等院校总排名到前100位,高等院校分学科排名至前10或20位,高等院校二级院所分学科排名、社科院社科联总排名和党政干部院校总排名至前10位。

2.排名指标

2000—2006年度"转载指数排名"采用的唯一遴选指标为全文转载量。

2007年度的综合性学术期刊排名遴选指标改变为全文转载率,以排除由载文量带来的影响。学术期刊学科分类排名和作者单位排名依然按全文转载数量排序。

2008—2009年度的综合性学术期刊排名、学术期刊学科分类排名分别按全文转载量、全文转载率列表排序,作者单位排名按全文转载量排序。

2010—2014年度综合性学术期刊、学术期刊学科分类排名从全文转载量、全文转载率和综合指数3个量度进行排序。机构学术论文指数排名从全文转载量和综合指数2个量度进行排序。综合指数的计算方法为:

(1)"论文得分"的计算:将每篇被转载论文依照中国人民大学人文社会科学学术成果评价研究中心制订的《人文社会科学论文质量评估指标体系实施方案》的6个评议核心指标评出量化得分,评议核心指标即作为主要指标的学术创新程度、论证完备程度、社会价值、难易程度和作为辅助指标的课题立项、发表载体。

第 i 篇论文得分 $= \sum_{j=1}^{6} w_{ij} \times a_{ij} (i=1,2,\cdots n; j=1,2,\cdots,6)$,其中 w_{ij} 为第 j 个指标在第 i 篇论文所在学科下的权重,a_{ij} 为第 i 篇论文在第 j 个指标上的得分。

(2)"篇均分"的计算:"篇均分"是指某学术期刊或作者单位被"复印报

刊资料"转载论文的平均得分。学术期刊论文篇均分在计算时去除"发表载体"指标得分,按5个指标得分计算总分;作者单位论文篇均分按全部6个指标得分计算总分。

(3)综合指数的计算:综合指数既反映了期刊或机构全文转载的绝对量情况,又反映了期刊或机构论文质量的相对量情况,是对转载量、转载率、篇均分3项指标的加权求和。

期刊综合指数＝0.4×转载量归一值＋0.3×转载率归一值＋0.3×篇均分归一值 (19)

机构综合指数＝0.6×转载量归一值＋0.4×篇均分归一值 (20)

由于转载量、转载率和篇均分3个指标的"量纲不同",因此需要进行归一化处理后才能加权求和。某指标得分归一值＝该指标得分值/该类数据中该指标的最大值。

(二)《"复印报刊资料"重要转载来源期刊》[①]

中国人民大学书报资料中心、人文社会科学学术成果评价研究中心在2012年10月首次推出了《"复印报刊资料"重要转载来源期刊》2012年版,2014年12月推出了2014年版。《"复印报刊资料"重要转载来源期刊》(以下简称《转载来源期刊》)被界定为"某一时间段内,被'复印报刊资料'转载学术论文数量较多且被学术界、期刊界同行评议为学术质量较好、影响力较大并有国内统一刊号的学术期刊"。

1.评估指标

《转载来源期刊》的遴选采用转载分析为主、期刊同行评议为辅的定性分析的研究方法。转载分析的评估指标是转载量、转载率、篇均得分;期刊同行评议的评估指标为学术性、公信度、学术规范性和编校质量。

---

① 《"复印报刊资料"重要转载来源期刊(2012年版)研制报告》《"复印报刊资料"重要转载来源期刊(2014年版)研制报告》,http://www.zlzx.org/,2015-7-10。

2.遴选方法

(1)期刊综合指数的计算和排名

期刊综合指数的计算公式如下:

2012 年版期刊综合指数 =0.4×两年转载量之和的归一值 +0.3×两年转载率均值的归一值 +0.3×两年篇均得分均值的归一值

2014 年版期刊综合指数 =0.3×两年转载量均值的归一值 +0.4×两年转载率均值的归一值 +0.3×两年篇均得分均值的归一值

选取两年共被"复印报刊资料"转载论文不少于 6 篇且每年转载均不少于 3 篇的期刊,以期刊综合指数排名。2012 年版补充了位列《中文社会科学引文索引来源期刊目录》(2012—2013)、《中文核心期刊要目总览》(2011 年版)、《中国人文社会科学核心期刊要览》(2008 年版)中两个及以上,但不在前面设定的量化条件范围内的期刊;2014 年去掉综合指数排在约后 5% 的期刊。按期刊分类分成 24 张期刊表作为来源期刊遴选范围。

(2)同行定性评审

将初选表提供给"复印报刊资料"系列期刊的主编、学科专家、学科资深编辑进行同行定性评估。每张表共有 5 位同行专家参与评估,每位同行专家对每张表中的期刊名单提出 10%(2012 年版)、20%(2014 年版)的"不建议入选"比例,并可对名单提出增补意见。综合考虑同行评审意见,最终确定拟入选的重要转载来源期刊。

(3)期刊名录公示

将拟入选名单在中国人民大学书报资料中心网站进行公示,听取社会各界的意见和建议;对拟入选名录进行调整和完善,确定最终入选期刊名录。

3.遴选结果

2012 年版《转载来源期刊》遴选结果为:期刊总名录 772 种;各学科期刊名录中,哲学 65 种、理论经济学 46 种、应用经济学 118 种、法学 45 种、政治学 75 种、社会学 31 种、民族学 12 种、马克思主义理论 25 种、教育学 72 种、心理学 11 种、体育学 14 种、中国语言文学 63 种、外国语言文学 17 种、新闻传播学 21 种、艺术学 24 种、历史学 58 种、地理学 8 种、工商管理 57 种、农林经济管理 13 种、公共管理 20 种、图书情报与档案管理 23 种;高等院校主办学报名录 154 种;社科院(联)主办综合性期刊名录 56 种;党政干部院校主办学报名录 33 种。

2014 年版《转载来源期刊》遴选结果为:期刊总名录 747 种;各学科期刊名录中,哲学 60 种、理论经济学 38 种、应用经济学 96 种、法学 39 种、政治学 68 种、社会学 27 种、民族学 11 种、马克思主义理论 30 种、教育学 66 种、心理学 11 种、体育学 11 种、中国语言文学 69 种、外国语言文学 10 种、新闻传播学 23 种、艺术学 25 种、历史学 58 种、地理学 8 种、工商管理 54 种、农林经济管理 14 种、公共管理 24 种、图书情报与档案管理 26 种;高等院校主办学报名录 158 种;社科院(联)主办综合性期刊名录 54 种;党政干部院校主办学报名录 31 种。

(三) 对年度"复印报刊资料"转载学术论文指数排名和"复印报刊资料"重要转载来源期刊的讨论

1.由于二次文摘期刊是按照一定的选文标准从原发期刊已刊发的文章中选择转摘,其编辑出版时间必然晚于原发期刊,而有些原发期刊的出版又经常会滞后于原定发行时间。这样就会出现原发期刊当年度刊发的文章,有一部分会被选入下年度的二次文摘期刊中,"复印报刊资料"也同样如此。每年发布的"复印报刊资料"转载学术论文指数排名是原发期刊在当年度"复印报刊资料"的全文转载情况排名,但原发期刊当年被转载的文章有一部分是上一年度末的,同时也缺少当年度末的。这种统计情况是可以理解和接受的,但对于两个年度末被转载论文数量和质量有明显差别的原发期刊来说,其排名会受到一些影响。

2.其他学术期刊评价体系普遍会引入引文分析方法对学术期刊进行评

价,年度"复印报刊资料"转载学术论文指数排名和"复印报刊资料"重要转载来源期刊完全不采用引文分析,依靠文摘分析和同行评议来建立评价体系,在众多学术期刊评价体系中的确是独树一帜。但同行专家评议的定性评价存在着很多不确定因素,从该评价体系的专家组成结构来看,同行专家数量偏少且本机构人员占有比例较大;评价过程基本由本机构主导;遴选范围来自于本机构前期工作结果。在评价过程控制中定性评价的不确定性并未得到有效消减,反而有累积叠加倾向。

3.该评价体系只基于中国人民大学书报资料中心一家的转载统计数据,数据样本明显单一,其评价结果不可避免会受到系列期刊的布局、选文取向等的影响。

第五节 电子期刊数据库研制的学术期刊评价体系

大型数字出版平台如"中国知网""万方数据"等在开展数字出版和知识服务等业务的同时,依托自身巨量的期刊数字出版资源和强大的数据统计、逻辑运算、综合分析能力,也积极研发学术期刊评价体系,此类学术期刊评价体系的最大优势也体现于其超大样本的来源数据。广泛收录的大样本统计源的主要优点是以海量的统计数据体现其评价指标数值的可靠性,但学术水平差距较大的来源期刊其在统计中被同一对待的引文质量也存在较大差异;小样本统计源的来源期刊是经过精心选择的,其引文质量差距较小,但来源期刊数量较少也影响到其评价指标数据的实际效用。

一、《中国学术期刊影响因子年报(人文社会科学)》[①]

中国知识基础设施工程(China National Knowledge Infrastructure,CNKI)

[①] 中国科学文献计量评价研究中心、清华大学图书馆:《中国学术期刊影响因子年报·人文社会科学》2010年(第8卷)、2011年(第9卷)、2012年(第10卷)、2013年(第11卷)、2014年(第12卷),中国学术期刊(光盘版)电子杂志社2010年、2011年、2012年、2013年、2014年。

是以实现全社会知识资源传播共享与增值利用为目标的国家信息化建设重点工程,以建设国家级知识基础和创新体系为目标的超大型知识资源共享数字网络平台。该工程响应世界银行发布的《1998年度世界发展报告》提出的"国家知识基础设施"(National Knowledge Infrastructure,NKI)概念,由清华大学、清华同方发起,始建于1999年6月。"中国知网"(www.cnki.net)是中国学术期刊(光盘版)电子杂志社和同方知网技术有限公司共同主办的出版网站,是CNKI各类知识信息内容的数字出版平台和知识服务平台。[①]

《中国学术期刊影响因子年报(人文社会科学)》(以下简称《年报》)是中国知网开发的《中国知识资源总库》科学文献计量评价型系列数字出版物之一。《年报》是在"中国学术期刊综合评价数据库"的基础上,按照《中国学术期刊(光盘版)检索与评价数据规范》对其中学术性论文的引文数据进行规范加工处理,经统计分析后编制而成的大型科学文献计量年报,迄今已出版12卷(2003—2014年)。《年报》发布上一年度人文社会科学类期刊的各类影响因子、总被引频次、可被引文献量、可被引文献比、基金论文比、引用半衰期、被引半衰期、引用期刊数、被引期刊数、他引总引比、互引指数、Web即年下载率、总下载量等一系列评价指标的数据。

(1)《年报》的结构

《年报》分为三个部分,第一部分为上一年度各类期刊的影响因子列表,第二部分是上一年度各类期刊的其他各类计量指标值列表,第三部分为各项计量指标对应的可被引文献量与被引频次列表。各部分均按学科将期刊分组,并按复合影响因子数值降序排列。

(2)《年报》的学科类目

《年报》以《中国图书馆图书分类法》作为主要依据,2012、2013、2014年版将学科类目分为综合性人文、社会科学,哲学,心理学,宗教,社会学,统计学,管理学,民族学,中国政治,世界政治,法律,军事,综合性经济科学,经济

[①] 《"中国知网"宣传手册》,中国学术期刊(光盘版)电子杂志社、同方知网技术有限公司,2010年。

学理论、世界各国经济、中国经济、经济计划与管理、会计、审计、企业经济、农业经济、工业经济、贸易经济、流通与服务、财政、货币/金融、银行/保险、文化与博物馆学、信息与新闻出版学、图书馆学、情报学、档案学、科学学与科研事业、教育、体育、语言文字、文学、艺术、历史、考古学、人文、经济地理共38类。

(三)《年报》的特色评价指标

1. 基于统计源的特色指标

(1) 综合类指标

《年报》是以大样本数据进行学术期刊评价的典型体系。《年报》将统计源期刊扩展到了科技期刊,科技期刊统计源期刊与人文社科类统计源期刊一起统称为综合统计源期刊,基于综合统计源进行数据统计的评价指标就是"综合类指标"。综合类指标包括综合总被引、综合影响因子、综合他引影响因子、综合即年指标等。

(2) 复合类指标

《年报》在综合统计源期刊的基础上又增加了我国部分博、硕士学位论文与会议论文,与综合统计源期刊一起合称为复合统计源文献。基于复合统计源进行数据统计的评价指标就是"复合类指标"。复合类指标包括复合总被引、复合影响因子、复合他引影响因子、复合即年指标、学科复合影响因子等。

(3) 人文社科指标

基于人文社科统计源期刊进行数据统计的评价指标就是"人文社科指标",包括人文社科影响因子、人文社科他引影响因子、人文社科即年指标等。

2. 可被引文献量、可被引文献比

《年报》中的"可被引文献量"是指被评价期刊在统计时间段内刊发的可

被引文献的数量,即从载文量中去除了包括介绍、转载、广告、短讯、通知、启事、导读等被引证可能性很小的文献、二次发表文献、与引证计量评价无关的文献篇目数之后的文献数量。可被引文献比是指被评价期刊在统计时间段内的可被引文献量与载文量的比值。

但在评价实践中,一般意义上的载文量指的就是《年报》中的可被引文献量,一般在统计载文量时已经将此因素考虑在内,《年报》把这一甄别过程用计量指标作了统计。

二、《中国科技期刊引证报告》[①]

由中国科学技术信息研究所情报方法研究中心与北京万方数据股份有限公司合作,从1998年开始联合编制出版年度《中国科技期刊引证报告》(以下简称《引证报告》),分为核心版和扩刊版。《引证报告》依托中国科学技术信息研究所国家工程技术数字图书馆"知识服务"系统,在"万方数据——数字化期刊群"基础上,结合中国科技论文与引文数据库(CSTPCD)编制。

(1)《引证报告》的结构

《引证报告》分为三个部分,第一部分为上一年度的中国科技期刊被引指标按类刊名字顺索引列表,第二部分是上一年度的中国科技期刊来源指标按类刊名字顺索引列表,第三部分中国期刊名称类目索引列表。

(2)《引证报告》的学科分类

《引证报告》依照《中国图书资料分类法》,参考其他同类研究的类目体系,将统计源期刊分为基础科学、工业技术、农业科学、医药卫生、哲学政法、社会科学、经济管理、教科文艺8个大类,共124个小类。

---

① 北京万方数据股份有限公司:《2013年版中国科技期刊引证报告》(扩刊版),科学技术文献出版社2013年版。

(3)《引证报告》的评价指标

《引证报告》公布的被引指标包括扩展总被引频次、扩展影响因子、扩展即年指标、扩展他引率、扩展引用刊数、扩展学科影响指标、扩展学科扩散指标、扩展被引半衰期、扩展 H 指标等,来源指标包括来源文献量、文献选出率、平均引文数、平均作者数、地区分布数、机构分布数、海外论文比、基金论文比、引用半衰期等作为期刊评价指标,按期刊类别和刊名字顺排序。

第五章 学术期刊评价体系对当代中国学术文化生态的影响

　　学术期刊评价体系除了具有可以指导读者有效利用学术期刊、提供馆藏学术期刊备选目录、促进学术期刊竞争的基本功能外，还有方便科研管理、督促个人学术进步、促进学术繁荣等扩展功能。学术期刊评价体系起初是为了满足图书馆藏机构的需要而建立的，之后由于科研管理机构赋予了其更多的扩展功能，又进一步增设了为新功能服务的评价内容。学术期刊评价体系自身也在不断增强其评价理论、方法和指标的科学合理性和评价内容的有效性，对于当下的图书馆藏选择、学术期刊建设、科研绩效管理已具备了较强的适用性。当然，任何一种评价都不可能完美无缺，学术期刊评价体系也概莫能外。面对"众口难调"的各类社会评价要求以及其本身发展阶段的局限，学术期刊评价体系尚存在着一些不尽如人意之处。

　　学术期刊评价体系对于当代学术文化生态的影响有其积极的方面，也有由此引发出的消极影响，如限制办刊自主性、助长学术浮躁、滋生学术腐败等，但这并不是学术期刊评价体系所愿意看到的，本质上来自于各利益相关方的简单使用、错误挪用和故意误用。只有认真分析学术期刊评价体系的创建目的、评价内容、适用范围和实际需要，了解其对学术科研活动产生的积极作用和消极影响，认识其存在的重要价值和促进学术发展、进步的深远意义，进一步完善评价机制和评价体系，才能充分发挥其在科学研究、科研管理、绩效评价上的积极作用。

第一节　受学术期刊评价体系影响的点、链、面

学术期刊评价体系的基本评价功能是对学术期刊的办刊质量进行评价，其扩展评价功能的出发点是"以刊评文"，并由此影响到项目的申报与结项、研究生毕业与学位授予、科研绩效考核、职称评聘等具体工作和对个人科研水平、单位科研成果、地区科研实力、国家整体科研状态的评估。

一、学术期刊评价体系扩展评价功能的出发点

学术期刊评价体系扩展评价功能的出发点是"以刊评文"现象。该现象是指对论文学术水平的评价取决于该论文在何种等级的学术刊物上发表，以学术刊物的评价代替对其刊载的某篇论文的具体学术水平的评价。

"以刊评文"缘自科研管理机构简化工作的考虑，对于海量的多学科、多方向学术论文的学术水平评价是一个需要投入大量人力和物力的工作，不仅需要在各专业学术领域有造诣的专家学者参与，而且由于人为因素的不可控，其效果也并不一定令人满意。一方面，从科研管理部门工作角度出发，"以刊评文"极大地简化了工作程序、有效地减少了工作量，而且大多数在高等级学术期刊刊发的论文其学术水平还是有保证的。另一方面，不用研读论文、不必具备专业知识，只依靠刊发期刊等级，简单轻易地鉴别学术论文价值，也的确有失严谨。

一些学术期刊之所以进入评价体系的核心期刊或来源期刊序列，是由于其刊载了大量高水平的学术论文。但是每一篇论文对刊物整体的贡献

度不可能相同,也可能差别很大,有些论文甚至拉了后腿。也就是说,一篇论文即使是在学术界享有盛名的核心期刊上发表,也并不能表明其具有较高的学术水平和学术质量。经常可以看到,在整体刊载论文学术水平较高的学术期刊上,不时会有几篇质量较差的论文出现;而在学术影响很一般的学术刊物上,也不时会有学术水平较高的论文发表。这其实就是整体和个体的关系,是众多个体的贡献显示了整体的杰出,但整体的成就并不能证明每一个个体的优秀。个体之间的贡献量肯定是有差距的,有时甚至差距很大。

在高水平学术刊物上出现低水平论文的原因,归结起来有以下几项:

(一)编辑审稿能力和范围所限

由于学科的分化和交叉趋势日益凸显,学术期刊的学科涵盖面普遍较广。综合性学术期刊的责任编辑一般会负责好几个跨学科栏目,在一些知名大刊的编辑部里,一名只有一个学科背景的编辑同时负责几个学科栏目的情况并不鲜见,更何况水平一般的学术刊物呢。即使是专业学术期刊,也会由于学科细分出好几个下级分支,负责具体栏目的编辑不可能对每个细分方向都非常了解。尽管主编的学术水平一般会更高、学科涉及范围一般会更广泛,但毕竟不可能面面俱到,再加上工作精力所限,很难保证能够把好每一篇论文的质量关。这种情况虽然在实行专家评审后会有所改善,但专家对于学科的掌握情况依然如此,而且专家的学术水平也有很大差别,迫于经费压力和时间成本考虑,对一篇稿件实行多名专家评审也不容易实现。

(二)培育作者和设置新栏目的需要

1.培育青年学者的需要

学术期刊的作者一般分为三个层次:权威专家、有实力的中青年专家和新入门的青年学者。权威专家的稿件一般来说都是专业顶尖的科研成果,他们的科研论文是众多学术期刊争夺的对象。这样的稿件也一般会被安排在栏目头篇,是刊物获得高被引指标数值的重要来源,是栏目学术质量和刊物整体水平的保证。只是这样的稿件产出量较小,又被分散刊发在本专业少数几家重要学术期刊上,属于学术论文中的珍品。有实力的中青年专家的稿件学术水平也不可小觑,他们正处于向专业最高层次冲顶的阶段,由于人数相对较多,来稿量比权威专家群要大一些,也是刊物获得高被引指标数值的主要来源,是为刊物贡献被引指标数值的中坚队伍,也很受学术刊物的重视。新入门的青年学者的数量最多,投稿量也是最大的,虽然整体学术水平不是很高,但其中也有一些来稿体现了专业发展的新思路、新角度,从中可以发现个别有良好学术背景、较强科研实力和发展潜力的人才。考虑到为刊物下一步的发展做准备,从扶植青年学者的成长、培育作者群体的需要出发,学术刊物也会刊发一些看似学术水平一般、对被引指标贡献度不高的来稿,这其实是为青年学者的学术科研能力进步提供帮助。

2.设置新栏目的需要

学术期刊是基于已有栏目的用稿范围选择来稿的,随着相关学科的发展和相关行业对学术理论研究的要求,很多学术刊物都会时不时地对本刊物的栏目设置进行调整和创新。这是学术刊物积极回应学术发展动态和实践要求而做的努力,值得肯定。这种主动采取的措施有时与学科实际发展情况会有一定程度的脱节,在相关论文的研究水平和丰富程度尚没有达到本刊物设定标准的情况下,为了栏目设置在同类刊物中占据先机和保持栏目刊发的连续性,也会出现个别稿件的学术水平稍差但也勉强被刊用的情况。

(三)收取版面费

学术期刊办刊经费基本上来自于主办单位核发,有些主办单位大力支持学术期刊事业,划拨充足的办刊经费,再加上进行较严格的纪律约束,较少出现收取版面费的现象;有些主办单位支持力度不够,甚至明确要求编辑部自筹经费来保证刊物的正常出版,比如只拨付办刊人员的基本工资,其他费用由刊物自筹。在学术期刊发行收入普遍较少的情况下,收取版面费成为筹措经费的主要来源之一;也有一部分学术期刊办刊经费虽然足够,出于增加编辑部人员个人收入的目的,对作者或明或暗收取一定数额的版面费。

一般来说,大刊、名刊、洁身自好的学术刊物不收版面费,这些刊物为学术期刊界树立了很好的榜样。当然这些刊物对稿件质量的要求较高,普通作者的论文获得刊发的几率较小。对于个人学术水平一般又急需发表论文的作者来说,只好靠支付版面费发表论文。刊物收取版面费的方法各有不同,有的刊物对来稿按质论价,较高水平的稿件免收版面费甚至发稿费,一般水平的稿件收取标准版面费,低水平稿件收取高额版面费,这样的刊物实行的是"向低劣稿件收取版面费养刊,以高水平稿件保证刊物整体质量"的策略;也有的刊物不分水平高低,来稿即登,按页收钱。

由于收取版面费的学术期刊不是以论文学术质量来决定是否刊发稿件的,当然会极大地影响到刊物的整体学术水平,在这样的刊物上看到低水平的学术论文也就不足为奇了。从业内办刊实践来看,很多本来很有影响的学术刊物由于收取了版面费,学术质量迅速下降,跌出了核心期刊群。不过我们也看到一种可喜的现象,在一次行业期刊交流会上,很多之前收取版面费的学术期刊表示,由于期刊学术地位的下降引起了主办单位的重视,已经在办刊经费上给予了新的政策倾斜,现在已不再收取版面费,希望通过此举使刊物学术质量尽快获得提升。

(四)理事会成员、广告主的来稿

学术期刊筹措办刊经费还有一种途径,那就是建立理事会。理事会成员每年需要向学术期刊编辑部划拨一定数额的经费,获得的回报是理事会成员单位的人员可以在该刊物上发表一定数量的论文;还有一些在学术期刊刊登广告的广告主,顺便要求搭载发表一定数量的论文。这些论文的学术水平良莠不齐,编辑部也会对其放低要求标准。曾经是 CSSCI 某个专业排名第一的学术期刊就是由于理事会、广告主的来稿采用量较大,学术水平下降非常明显,一度跌出了 CSSCI 来源期刊。这也说明一个问题,不管是直接收取版面费还是通过理事会筹集资金,方式手段可以多种多样,但期刊学术质量因此下降却不会因形式改变而有所改善。这其实也是一种"贱卖祖产"的短视行为。学术期刊的品牌形象来自于主办单位对刊物的大力支持和刊物编辑部的长期集体努力,短期获得的经济效益远远比不上当初获得这些无形资产时付出的努力,而重新恢复到当初的声誉会付出更高的代价。

(五)人情稿和关系稿

学术期刊编辑部和其他单位一样,有上级主管单位、同级相关单位和其他关系单位,学术期刊编辑部人员也和其他人一样,有家人、亲戚、同学、朋友,身处单位关系网和个人人情网之中,涉及这些因素的稿件很难说审稿时会不受影响。大多情况下编辑也是被动的、无奈的,坚持学术良知就会得罪人,完全不顾刊物学术质量又有违从业规则。很多编辑部也为此制订了防范机制,比如实行内部三审制、四审制和专家匿名审稿制度,还有的使用网络投稿和评审,这些制度的实施的确在机制上有所防范,但有些稿件是基于编辑部实际利益出发而无法拒绝的,也就会或多或少出现低水平的人情稿、关系稿被刊发的现象。

二、学术期刊评价体系扩展评价功能涉及的具体工作

学术期刊评价体系扩展评价功能涉及的具体工作大致包括项目的申报与结项、研究生毕业与学位授予、科研绩效考核、职称评聘等具体工作。

(一)项目的申报与结项

各类各级科研项目在申请时,其中很重要的一项就是提交自己的已有

科研成果,以表明自己具备开展该项目研究所要求的科研实力和科研水平。已有科研成果除了学术专著外,很重要的一项就是科研论文成果,由于时下学术专著的出版相对容易,科研论文成果的分量也就较以往更为重要。在列举这些科研论文成果时,必须说明论文在何种学术期刊发表、学术期刊的评价等级如何,以表明论文成果的学术水平。在科研项目结项时,也同样需要列出该课题取得了哪些研究成果、在何种等级的学术期刊发表了多少篇论文。

(二)研究生毕业与学位授予

研究生教育是国家学历教育、人才培养中的重要一环。目前各高校出于增加本校科研论文产出量和保证硕士研究生、博士研究生、博士后等在攻读学位期间的学习和科研质量的目的,普遍要求他们在读期间要在一定级别的学术期刊上发表一定数量的学术论文,不达到这个指标就不能毕业和申请学位。这项规定一方面是为他们在校期间的学习和科研加码,督促研究生的学业进步;另一方面,对于刚刚步入学界的在读学生来说,在高等级的学术刊物上发表论文的难度可想而知,这项在撰写学位论文之外的又一学术科研要求,也给他们带来了很大的精神压力。

(三)科研绩效考核

在科研机构、高等院校从业的众多科研人员,需要定期接受所在单位的科研绩效考核,通过科研绩效考核来对科研人员的岗位工作业绩和能力进行评估,科研绩效考核事关科研人员的学术地位、职位升迁、工资级别、福利待遇等实际利益。虽然各单位的科研绩效考核制度会有差别,但其核心考核内容基本都是科研人员的科研业绩,包括获得的资助项目、出版的学术专著和发表的科研论文数量等。对其科研论文学术水平的评价依然是依据发表的学术期刊等级。

(四) 职称评聘

高等院校、科研机构以及很多业界从业人员都要参加职称评聘。职称的晋升不是一次性的,是由初级、中级、副高、正高四个级别渐进构成。各单位对各类各级的职称申请都有基本条件和要求,其中很重要的一个条件就是需要在指定学术期刊群发表一定数量的论文。指定学术期刊群的种类虽然各单位会有一些不同,但基本上都是基于学术期刊评价体系的评价结果制定的。

每次职称晋升申请都需要提交自被聘为现有职称之后的论文成果,也就是说,职称获得晋升后,之前的论文成果都要归零,需要再积累论文成果以备申请更高级别的职称。一方面,职称评聘对于论文质量和数量的要求可以理解为是对参评人员的理论水平要求的具体量化,为评聘工作提供重要的定量判断依据,也促使参评人员在平时积极投入科研、提高个人的科研工作能力;另一方面,这样的要求也使得一些参评人员不把精力投入到做好科研、写好论文上,而把部分时间放在与某些学术刊物的人情交往和钻营中。

三、学术期刊评价体系扩展评价功能的涉及面

学术期刊评价体系的扩展功能涉及面大致分为四个层面:对个人科研水平评估、对单位科研成果评估、对地区科研实力评估和对国家整体科研状态的评估。

(一) 个人科研水平评估

如果说对个人科研绩效的考核是一时的,那么对个人科研水平的评估则是溯及以往的,是对个人所取得的所有科研成绩的整体评价。这样的评价对于科研人员在所在单位、专业领域和学术界的学术地位是十分重要的,

具体的评价内容中学术论文成果占有的比重很大。

(二) 单位科研成果评估

科研机构、高等院校会经常接受上级主管部门、相关社会评价机构对其科研成果的评价。上级主管部门的评价有常态化的工作汇报，也有科研机构、高等院校在申请学位授予点、博士后流动站，参选"985"工程高校、"211"工程高校和重点科研基地、协同创新中心等非常态的申报工作；相关社会评价机构也有对科研机构和高等院校的综合实力、优势学科等的各类排名。在这些评估中，机构学术论文成果是接受评估的重要条件之一。这也是科研机构、高等院校对本单位科研人员加大科研支持力度和科研要求的重要原因之一，很多单位为此都要求科研人员、在读学生在发表论文时一定要把本单位署名为第一作者单位，以便应对将来外界对本单位的科研成果统计。

(三) 地区科研实力评估

学术期刊评价体系也为地区科研实力评估提供了评价依据，为地区科研管理部门决策提供参考。地区科研管理部门需要根据此类评估结果制定科研发展规划、决定科研基金项目支持力度和方向、进一步优化整合本地区科研力量等相关工作。

(四) 国家科研状态评估

在国家科研管理层面，也需要在宏观上把握整体科研学术态势、追踪重点学科的发展形势、摸清整个国家科研薄弱环节和发展制约因素、积极推动科研体制改革，倡导学术界形成有利于研究创新、提高科研绩效的良好运行机制，其中为政策制定服务的科研成果统计和数据库也离不开学术期刊评价体系的有力支持。

第二节　中文学术期刊评价体系的积极作用

学术期刊评价体系一方面为读者和馆藏机构提供服务，同时促进了学术期刊办刊质量的提高；另一方面也对提升科研管理工作效率、调动科研人员投身学术的积极性、促进学术繁荣发挥了积极作用。基于学术期刊评价体系作用于学术期刊群的基本评价功能和"以刊评文"的扩展功能，其所发挥的积极作用可以分为两类。

一、基于中文学术期刊评价体系基本评价功能产生的积极作用

学术期刊评价体系的基本功能是对学术期刊的办刊质量进行评价，由此产生的积极作用主要有指导读者有效利用学术期刊、提供馆藏学术期刊备选目录和引导学术期刊竞争方向三个方面。

（一）指导读者有效利用学术期刊

学术期刊评价体系的评价结果是入选期刊目录，这些入选期刊代表着本专业领域最高学术研究水平和前沿发展方向。读者利用入选期刊目录可以在茫茫的学术期刊海洋中定向发现符合自己需求的高水平学术文献，避免陷入大量低水平、重复的学术论文包围中。每个人的时间和精力都是有限的，有效利用学术期刊对于个人学习、科研的作用不容低估。从专业教育、人才培养、科学研究的角度来看读者选择和利用学术期刊，就会发现其中的重要意义。

（二）提供馆藏学术期刊备选目录

最初的中文学术期刊评价体系就是为了向图书馆藏机构提供订购参考目录而编制的，这一功能并没有由于其评价方法、指标向期刊学术质量评价

倾斜而有所消减。将有限的购置经费有效地利用,尽可能地为更多的目标读者提供适宜的期刊以供其使用,是各级各类图书馆藏机构的主要任务之一。当然,学术期刊评价体系只是为馆藏机构提供了备选目录,馆藏机构会根据馆藏目的、主要读者取向、经费数额来制定具体的学术期刊订购方案。

(三) 引导学术期刊竞争方向

学术期刊出版业的逐渐繁荣必然会带来学术期刊之间的竞争,但具体的竞争可以有多种方向,比如竞争学术质量、编校质量、出版质量、社会影响等,仅在学术质量指标竞争方向上就有被引量、被摘量、基金论文比等的区别。学术期刊评价体系通过其评价指标的权重分配和评价方法的选用,对学术期刊竞争方向进行引导,这种引导甚至可以从宏观上影响整个学术期刊界的办刊取向。学术期刊评价体系引导学术期刊竞争具体体现在优胜劣汰的入选机制,由此引发了学术期刊对于优质稿源的争夺、审稿制度的改善、用稿机制的优化、编校质量的提高等。通过这种引导,可以及时微调学术期刊界的整体发展方向,倡导良好的办刊取向、严格的审稿把关意识、严谨的编辑作风,促进学术期刊业的健康发展。

二、中文学术期刊评价体系的扩展评价功能产生的积极作用

学术期刊评价体系的扩展评价功能就是"以刊评文",由此产生的积极作用大致可以分为方便科研管理、督促个人学术进步、促进学术繁荣三个方面。

(一) 方便科研管理

在学术期刊评价体系没有被广泛使用时,对论文学术水平的鉴定主要依靠专家。专家鉴定虽然有其直接针对论文内容和研究水平进行具体学术评价的优点,但由于专家个人学科范围、学术造诣、评审态度有差别,又

容易受到人情关系的影响,再加上评审次数很多、工作量较大,严重影响了科研管理界的工作效率和工作质量。科研管理界呼唤一种能够快速地、简便地对科研论文进行评价的办法出现。为此,有些地区甚至一度出现仅以刊物主办单位行政级别和归属便将学术刊物划分为国家级、省部级和地市级的情况,以此来对其刊载论文进行简单评价。以这种划分方法来对论文学术水平进行粗糙的评价显然存在很大问题,但也说明了科研管理界对于学术论文简便评价的需求有多么迫切。因此也就不难理解为什么当为图书馆藏服务的核心期刊目录出现后,其便迅速地被科研机构运用到了科研管理中。

当下的几家重要学术期刊评价体系积极响应科研管理界、学术期刊界的需要,从评价指标到评价方法都向刊物的学术质量评价主动靠拢,在评价过程中也结合了各专业领域权威专家群的定性评价,其评价结果就目前来讲是最可信的,以此作为科研管理的依据是有其科学性、合理性的。当然科研管理部门需要精细评价时,还会以此作为初步评审结果,邀集专家对论文成果的学术水平进一步开展深入评审。"利用核心期刊代替行使部分评价论文的职能,不仅能简化评价手续、提高评价效率,而且能解决因评审者不是同领域或专业方向的专家很难公正评价其论文的难题。"[①]从这个角度讲,学术期刊评价体系提供了对论文学术质量的简单评价和进一步深入评价的参考,为实现科研管理的简便、高效、科学、合理做出了非常重要的贡献。

(二)督促个人学术进步

应该看到,由于学术期刊评价是持续进行的,核心期刊、来源期刊不管是从爱惜刊物的学术声誉着想,还是基于为下一次被评价做准备的考虑,入选期刊对其刊载论文的学术水平总体来讲还是能够做到严格把关、力求把最佳的学术论文呈现在刊物上的。我们不能仅凭个别入选刊物的不当行为

[①] 叶继元:《中文核心期刊研究之我见》,《学术界》2001年第4期。

就否定入选刊物全体,大多数入选学术期刊在本专业领域具有权威地位,其刊载的论文代表了本学科的学术发展前沿水平。依据在入选期刊群发表论文的数量来评估个人及机构的科研业绩,是目前最简便、最实用的评价方法。

学术期刊评价体系把各专业学术刊物划分出不同等级,也就为作者投稿时选择目标刊物提供了很重要的参考。在本专业入选期刊发表论文,需要作者具备较丰富的理论素养、实践积累和科研努力,这鼓励作者积极投身学术、勤于科研,激发其投身科研工作的积极态度和进取精神。能够在高等级学术刊物发表科研论文关系到科研人员的个人利益和学术成长,这一点对于督促个人学术进步、奖勤罚懒非常重要。这些做法的确给科研人员造成了压力,但适当的压力就会产生动力,近年来学术论文成果在数量和质量上的不断攀升与此有着直接关系。

(三) 促进学术繁荣

目前的学术期刊评价体系对于学术期刊的评价主要基于其刊载论文的学术水平,并通过入选期刊目录间接、大致地划分了所发论文的优劣。入选期刊为了保证下一次被评价时能继续在列、未入选期刊希望下一次被评价时能够入选,都在千方百计地积极吸引优质稿件,有些刊物为此实行了优稿优酬的奖励来稿机制。学术期刊创优争优的刊物自觉,很大程度上源于学术期刊评价体系的评价结果与学术期刊编辑部的切身利益的密切关系。

由于学术期刊对优质稿件的重视,再加上学术期刊评价体系的扩展评价功能赋予的在入选期刊发表论文对科研人员的重要意义,极大地提高了作者的精品论文意识,调动了科研人员投身学术研究、撰写优质论文的积极性。倡导学术繁荣、实施科教兴国政策是国家的大政方针,有关部门为此投入巨量科研经费、制定相关科研激励机制、实施科研绩效考核是学术繁荣的主要原因,这其中学术期刊评价体系为学术繁荣发挥的促进作用也是重要助力之一。

第三节 中文学术期刊评价体系的消极影响

由学术期刊评价体系带来的消极影响主要分为两类,一类是学术期刊评价体系对学术期刊产生的直接消极影响,包括限制办刊自主性、引发学术期刊的不当行为等;另一类是由于"以刊评文"而产生的间接消极影响。包括影响学术期刊整体利用效率、助长学术浮躁、滋生学术腐败等。

由此带来的消极影响并不是学术期刊评价体系所主观设定和愿意看到的,即使没有学术期刊评价体系的存在,这些学术投机行为依然会以别的形式变相存在。这些消极影响很大部分来自于利益相关方对学术期刊评价体系的简单使用、错误挪用和故意误用,很多研究者把这些问题全部强加到学术期刊评价体系身上,认为是学术期刊评价体系引发了期刊评价的不公正和学术腐败现象,以至于学术期刊评价体系成了众矢之的。

一、对学术期刊自身产生的消极影响

由于学术期刊评价对于学术期刊的学术地位、生存状况、继续发展产生着重要影响,受到学术期刊界和相关主管部门、主办单位的高度重视。学术期刊评价成了学术期刊的"紧箍咒",在引导学术期刊不断提升办刊质量、扩大刊物学术影响的同时,也对其产生了一些消极影响,简单分为限制办刊自主性和引发学术期刊不当行为两个方面。

(一)限制办刊自主性

学术自由是学术繁荣的生命,在国家意识形态指导和学术规范约束下的学术期刊自由同样也是学术期刊的生命。学术期刊有其自身的发展特点和发展规律,不应为了获得学术期刊评价体系的高评价而去主动迎合。由于主办单位普遍以是否进入核心期刊或来源期刊作为刊物办刊质量的主要

标准,很多在核心期刊或来源期刊入口游走的学术期刊,或时时面临被淘汰的危险,或有入门的热望,就会不得不按照学术期刊评价体系的指挥棒调整办刊理念、审稿制度、用稿标准。这其中有些调整是适当的、合理的,有些则是为了提高遴选指标数值削足适履。如学术刊物为了提高被摘转指标,增加被二次文摘刊物摘转的可能性,按照二次文摘栏目安排改变本刊物栏目设置,消减了办刊特色;针对某二次文摘刊物对原发刊物同期同主题学术文章只摘转一篇的规定,把同一选题文章分散到各刊期发,降低了论文专题的影响力;为了提高被引指标,减少或不刊发学术动态、书评类的论文;为了提高基金论文比,对一些学术水平较低的基金论文也"姑妄刊之"等。学术期刊采取的这些迎合遴选指标的行为,是对办刊价值取向的偏离,不利于其自身的健康发展。

(二)引发学术期刊不当行为

为了获得学术期刊评价体系的高评价,一些学术期刊并不把主要精力投入埋头办好刊物、按照期刊发展规律进行努力中去,而是积极投身于投机取巧、数据造假等不当行为。学术期刊的被引指标数值是由作者对本刊物的自发引用形成的,一些学术期刊为了提高本刊物的被引量,引导作者在论文中过分引用本刊物;几家学术刊物建立"互引联盟",相互引用;在论文的基金项目上造假,抬高标注基金等级,等等。

二、与学术期刊评价体系挂钩导致的负面效应

各种类型的学术评价活动由于与学术期刊评价体系的评价结果挂钩而带来的负面效应,对于当前的学术浮躁、学术腐败起到了推波助澜的作用。这些负面效应的出发点就是"以刊评文"现象。

(一)影响学术期刊整体被利用效率

进入核心期刊或来源期刊序列的学术期刊,其刊发论文的学术价值鉴

定随之发生变化,由此会相应引发作者群对其多投稿、投好稿。获得学术期刊评价体系认可的学术期刊由于稿源丰富、好稿云集,理论上为其学术水平的提升打下了丰厚的优质稿源基础,对此有效利用会使刊物进入良性发展,而那些被淘汰或没有进入序列的学术期刊则会陷入恶性循环。

学术期刊是公众资源、学术公器。学术论文按照学科设置较均衡地刊发在各家学术刊物,是学术期刊被整体利用的理想状态。学术期刊整体利用率的最大化对于学术领域繁荣进步、科研事业良性发展具有重要意义。由于学术期刊的等级划分决定着刊载论文的学术价值和学术影响,作者的学术地位、职称评定、绩效评价、项目申报等也与此挂钩,造成了作者投稿方向的两极分化。是否进入核心期刊或来源期刊序列对于学术刊物来说是"冰火两重天",一边是核心期刊、来源期刊的稿源严重过剩,来稿采用率很低,大量优质稿件积压、不能及时刊发,影响学术交流和论文价值的及时实现;另一边是序列外刊物苦于稿源严重不足、刊物发展乏力,这种状况对于学术期刊资源是很大的浪费。

(二) 助长学术浮躁

由学术期刊评价体系引发的负面效应根源于人们的贪图功利,如果说学术期刊评价体系助长了学术浮躁,也只是为这些功利目的提供了去向。

学术期刊评价体系的评价结果不只是关系到科研人员的实际利益,也涉及其所在研究机构、高等院校的被评价。一些研究机构和高等院校普遍制定了与此有关的科研绩效标准和科研奖励政策,进一步增加了科研人员在核心期刊、来源期刊上发表论文的压力。一方面,这些政策督促科研人员积极投身于学术,奖勤罚懒;另一方面,由于"重量不重质",不鼓励科研人员按照自身科研规划实现"一篇名世",而倡导他们"多篇立世",只有"以量取胜"才是个人科研业绩胜出的王道。

这些"拔苗助长"的政策一定程度上干扰了正常的科研进步,恶化了学术环境。在这样一个大环境下,研究者为了申报职称、获得项目资助、完成科研任务、得到个人发展机会,主观故意或强迫自己"匆忙上阵"、草率撰写论文,甚至重复或剽窃他人的研究成果,产生了大量低水平重复研究的学术泡沫;作者为了自己的论文容易被核心期刊或来源期刊刊载、被二次文摘刊物转载,热衷于撰写一些主题宏观、内容空泛的文章。这些急功近利行为是学术浮躁的典型表现,应该说是当前学术体制造成的学术浮躁,学术期刊评价体系也助长了这种学风。

(三) 滋生学术腐败

由于一系列个人科研绩效评价和科研机构评价都因"以刊评文"而与论文刊发的学术期刊直接相关,学术期刊就成为诸多利益的集中点。权力产生腐败,学术权力也就产生学术腐败,一些学术期刊、二次文摘刊物、学术期刊评价单位就难免会出现一些学术腐败现象。这些行为腐蚀了编辑职业道德和学术评价的公平公正,影响了学术交流的正常进行,败坏了学术界和期刊出版界的风气。

1.编辑部收取版面费

一些核心期刊、来源期刊编辑部利用发稿权力向作者收取版面费来增加收入,对交纳版面费的作者降低用稿标准,使得基于学术水平的论文发表变成了交易。这些个别现象抹黑了学术期刊界的整体形象,一度引发媒体和大众对学术期刊界的声讨,对学术公器的物质利用应该受到全社会的谴责。

2.作者向原发期刊编辑和编辑部开展公关

把论文学术水平的鉴定权力赋予学术期刊编辑和编辑部,使得编辑和编辑部的地位产生了异化。一篇稿件能否被采用,首先要看能否进入学术期刊编辑的法眼。部分作者采取送礼、请托、贿赂等不当做法增大论文被采用的可能性,使得本该良性互动、平等交流的编辑与作者的关系变色。一些编辑职业道德失守,使得一批水平低劣的学术论文得以面世。

3.作者、学术刊物对二次文摘刊物开展公关

作者、学术刊物与二次文摘刊物之间开展正当、必要的学术交流有利于学术进步,但有些作者为了自己的论文能够被转载、有些学术期刊为了提高刊物的被摘量,想方设法向二次文献刊物开展公关活动,请客送礼、打人情牌、拉关系,希望获得他们的特别关注和帮助。这种凌驾于论文学术水平之上的特殊照顾当然也会影响到二次文摘刊物的学术影响力和学术形象。

4.学术刊物对学术期刊评价专家开展公关

各家学术期刊评价体系普遍设有专家定性评审这一环节,在有些评价体系中甚至占有举足轻重的地位。为此有些学术期刊也对相关评审专家打招呼、许愿,希望他们能在评审中给予照顾和支持。这也是学术期刊评价体系研制单位普遍事先不愿意公布评审专家名单的原因。

5.学术刊物对学术期刊评价单位开展公关

学术期刊评价结果是由学术期刊评价单位做出的,虽然有严格的制度设计和细致的程序安排,但毕竟还是人为操作,一些学术期刊与其中的关键人物联络感情、打通关节,以期在最终评价结果上满足刊物的利益。曾有学者就此类情况提出若干证据,声讨某家学术期刊评价体系,引起了学术界的广泛关注。

第六章　对于学术期刊评价体系的再认识

通过前面几章对学术期刊评价理论、方法、指标的讨论以及对各主要学术期刊体系的分析，我们再次回到对于本书"绪论"中提出的一系列问题的回答上。学术期刊评价体系有必要存在吗？有必要存在如此多的评价体系吗？这么多的评价体系为什么没有一家是让人完全心服口服的呢？

第一节　学术期刊评价体系存在的必要性

学术期刊评价体系的出现是应运而生、应需而生的，是基于学术期刊界自身发展、图书馆藏机构订购学术期刊、读者选择科研用刊、作者选择投稿方向、科研管理机构评价学术成果等方面的现实需要而存在的。尤其是在科研管理方面的应用，使得学术期刊体系在参与评价个人的学术成果和学术水平、评估科研机构的科研业绩和科研能力、衡量不同地区的科研实力和科研概况、全面考察整个国家的学术生态和科研成果利用状况，直至追踪学术研究中的热点研究领域、判断科学研究的发展态势等方面发挥着重要作用。

尽管学术期刊评价体系在发挥积极作用的同时也产生了负面效应,但其依然具有不可替代性。它不仅有继续存在的意义,而且有继续深化发展的必要。确立评价目的、选择评价主体、优化评价条件、改良评价过程、改善评价结论、讨论评价效用应始终与评价活动相伴随,仅看到缺陷和不足就呼吁要摒弃学术期刊评价体系是"一叶障目,不见泰山"。

一、学术期刊界自身发展的需要

学术繁荣和知识大爆炸催生了众多的学术期刊,也引发了同类学术期刊间的竞争。学术期刊界的竞争和发展需要引导和规范,而不是完全放任自流。学术期刊评价体系正是整合集中了学术共同体的整体要求、规范了学术期刊竞争的核心内容,对于学术期刊的整体进步发挥着重要的引导作用,这首先是学术期刊界自身发展的需要。

(一)指导学术期刊的发展

学术期刊主要是为学术共同体服务的,学术共同体需要通过学术期刊来发布最新的学术研究成果,也需要通过学术期刊来获得学术前沿的最新进展从而继续推进科学研究工作。学术期刊评价体系一定意义上代表着学术共同体来指导学术期刊的发展,其对学术期刊的主要评估要求是学术共同体对学术期刊整体要求的具体集中呈现。

1.评价体系体现着学术共同体对学术期刊的要求

学术期刊评价体系的学科设置、选用指标、筛选方法等主要来源于学术共同体对学术期刊整体要求的凝聚,体现着学术共同体对学术期刊无序多元要求的整合集中。这种整合集中趋向于被最广泛接受,而不可能全面呈现点状分布的意见表达,且在意见的收集分析中必然会存在部分意见的散失和误读,但总体上实现了主流意见的目标。当然,学术期刊评价体系在将这些意见要求具体化的过程中,会综合考虑实现难度、应用条件、科学合理性等因素,并加入研制方其他目的的实施。如由政府主管部门、行业学会创建的期刊评价体系在重视期刊学术质量的同时,也在政治标准、编校质量、出版质量、社会影响、质量保障水平等方面考察学术期刊。其中,政治标准体现了政府部门的意识形态指导,编校质量、出版质量体现了管理部门对刊物的普遍性要求,社会影响体现了对学术刊物社会效益的考察,质量保障水平则考察学术刊物的基础条件和硬件配置。

2.评价体系的调整应吸收学术共同体的意见指向

学术期刊评价体系的不断调整,一方面是为了在力所能及的情况下使评价效果更贴近主流意见中的稳定部分,另一方面也吸收了学术共同体对其最新的反馈意见。如《总览》的评价指标选用沿革,第一版只采用载文量、文摘量、被引量三个评价指标,在当时评价指标数值大量依靠手工统计的条件下,进行如此工作量巨大的评价工作,评价指标数量较少是可以理解的。[①] 第二版[②]、第三版[③]新增了被索量、被摘率、影响因子三个指标,引入被摘率是为了消减载文量大的刊物在被摘量统计上的占利,引入影响因子是为了消减载文量大、刊龄长的刊物在被引量统计上的先天优势。第四版为了降低不恰当自引对影响因子的影响,增添了他引量指标;为了吸收期刊重要评奖和其他期刊评价体系的评价结果增加了"获奖或被重要检索工具收录"指标;为了消减载文量、被索量、被摘量这三个指标的叠加偏向,取消了载文量指标[④]。第五版与第四版相比,增加了基金论文比指标,来反映期刊的学术影响力;增加了 Web 下载率指标,从网络阅读使用角度来对期刊进行评价。[⑤] 由于统计时限内未进行过国家级期刊评奖活动,而地方性奖项的统计数据

---

① 庄守经:《中文核心期刊要目总览》(1992 年版),北京大学出版社 1992 年版。
② 林被甸、张其苏:《中文核心期刊要目总览》(1996 年版),北京大学出版社 1996 年版。
③ 戴龙基、张其苏、蔡蓉华:《中文核心期刊要目总览》(2000 年版),北京大学出版社 2000 年版。
④ 戴龙基、蔡蓉华:《中文核心期刊要目总览》(2004 年版),北京大学出版社 2004 年版。
⑤ 朱强、戴龙基、蔡蓉华:《中文核心期刊要目总览》(2008 年版),北京大学出版社 2008 年版。

收集困难,而且各地评奖标准不一,不具有等同可比性,因此第五版中的"获奖或被重要检索系统收录"指标在第六版中被改为"被重要检索系统收录"。①

(二) 具体规范学术期刊的竞争内容

学术期刊之间的竞争必须在良性规则之上进行,否则就会出现竞争的混乱与无序,不仅发挥不了竞争对行业发展的积极促进作用,还会影响到学术期刊界的整体进步。各类评价体系在研制目的、遴选方法、评价指标等方面具体体现了对学术期刊的竞争内容的规范。

1.专业机构、转摘数据统计机构、电子期刊数据库研制的学术期刊评价体系主要考察期刊的学术质量和学术影响

对于分析专业机构研制的学术期刊评价体系选用的评价指标,《总览》主要使用过的载文量、文摘量、被引量、被索量、被摘率、影响因子、他引量、获奖或被重要检索工具收录、基金论文比、Web 下载率等指标,《要览》主要使用过的学科总被引、学科影响因子、期刊总被引、期刊影响因子、期刊即年影响因子、总转摘量、加权转摘率等指标,CSSCI 使用的"他引影响因子"和"总被引频次"等指标,基本上都属于测度学术期刊学术质量和学术影响的定量指标。在此基础上引入专家评审意见,获得最终的评价结果。

转摘数据统计机构研发的学术期刊评价体系的评价指标或者仅为被摘量(率)(中南财经政法大学图书馆的年度"学术期刊被转载、摘录量排行榜"),或者在被摘量(率)指标的基础上再加上同行评议指标(中国人民大学书报资料中心的"年度'复印报刊资料'转载学术论文指数排名"和"'复印报刊资料'重要转载来源期刊"),其主要依据是对学术期刊刊载论文学术质量的定性评价结果。

---

① 朱强、蔡蓉华、何峻:《中文核心期刊要目总览》(2011 年版),北京大学出版社 2011 年版。

2.政府主管部门、行业学会建立的学术期刊评价体系注重全面评估

政府主管部门对期刊的评审标准注重对期刊出版质量的整体评估和对期刊工作的全面评价。如《评估办法》的评价内容分为政治标准、业务标准、编辑标准、出版标准四个标准;《指标体系》的一级指标包括基础建设条件、环境资源条件、出版能力和经营能力四个板块;"名刊工程"的一级指标包括学报质量、主办单位对学报建设和管理工作、编辑部内部管理与制度建设三个板块。

(三)主管部门和资助方挑选学术期刊给予扶持时的审核需要

学术期刊主管部门和资助方在挑选学术期刊给予扶持以及测度扶持效果时,也以学术期刊评价体系提供的评价结果作为审核的重要参考。如在教育部社会科学司主导实施的"名刊工程"的评审标准中,明确提出参考CSSCI、《总览》、《要览》所提供的数据及排序。《国家社科基金重点资助期刊第一批(试点)申报公告》中,明确要求申报期刊必须同时入选 CSSCI、《总览》、《要览》。《国家社科基金第二批学术期刊资助申报公告》中要求申报期刊必须同时入选 CSSCI、《总览》、《要览》中的两个以上检索系统[①]。

二、图书馆藏机构订购学术期刊的需要

应该说,我国学术期刊评价体系的诞生就是源于图书馆藏界选择订购期刊的现实需求。由于当时我国期刊数量的迅猛增加和图书馆购刊经费的普遍不足所产生的尖锐矛盾,迫使图书馆藏界寻求一种广泛认可的在期刊海洋中选择订阅期刊的办法。我国第一次大规模使用文献计量学方法对中文期刊进行统计分析研究的《总览》就是由北京大学图书馆和北京地区高等院校期刊工作研究会共同发起研究、主持编制的。《总览》的研制成功把过

---

① 全国哲学社会科学规划办公室:《国家社科基金重点资助期刊第一批(试点)申报公告》,2011年12月26日;《国家社科基金第二批学术期刊资助申报公告》,2012年7月23日。

去存于阅读者心中的点状个人感受和学术共同体集体意识之中的片状评价意见整合成为使用科学评估方法的、有章可循的、系统更新的社会化评估。

《总览》以及其后相继诞生的学术期刊评价体系为图书馆藏工作带来了极大的便利,为图书馆藏服务也一直是各家学术期刊评价体系的主要目的之一。中小型图书馆出于提高目标读者使用效用的考虑,在订购期刊时会征求相关学科、研究领域或研究方向的学术专家的意见,或者通过问卷调查、座谈交流等形式了解图书馆主要使用群体的目标意向,以及统计学术期刊在读者群日常使用中的被利用程度等,而为以上几种方式提供的可选择目录基本上出于学术期刊评价体系。

三、读者选择科研用刊和作者选择投稿方向的需要

读者在查找研究资料以及平时浏览学术动态时,需要在本研究领域的众多学术期刊中选定最有价值的、优先阅读的刊物。学术期刊评价体系通过专业化、集约化的工作流程评选出来的学术期刊,基本上代表着本专业领域最高学术研究水平和前沿发展方向。如果没有学术期刊评价体系提供的入选期刊目录作指导,单凭作者个人的学术感觉来选择,不只会耗费大量的时间和精力,也会有很大偏差。

科研人员在发表科研论文时会依据论文的专业领域、内容指向、学术水平,寻找适合自己投稿的目的刊物。如果投稿被拒,可能会选择同级别其他刊物或同类低一层次的刊物继续投稿。这些选择基本上都会参考该刊物在学术期刊评价体系中的地位。

四、科研管理机构评价论文成果的需要

评价学术论文成果是科研管理工作中一个很重要也很常见的环节,由于其在职称评聘、项目评审、成果验收、绩效考核等工作中的普遍存在,全部依靠专家组鉴定会耗费大量的资金和人力。科研管理界迫切需要一种简便

易行开展学术成果评价办法的出现。在学术期刊评价体系没有被广泛使用以前,个别地区甚至仅以刊物主办单位行政级别和归属将学术刊物粗糙划分为国家级、省部级和地市级,以此来对其刊载论文进行简单评价。

学术期刊评价体系本来是为图书馆藏机构订购期刊服务的,但却很好地解决了科研管理工作的一大难题,有效地提高了科研管理工作效率和工作质量,获得了科研管理界普遍的积极欢迎和响应。学术期刊评价由此也参与到个人科研水平、单位科研成果、地区科研实力、国家整体科研状态的评估工作中。依靠学术期刊评价体系评价论文成果虽然存在着"以刊评文"的不足,但同时消除了专家鉴定易受个人学术造诣、评审态度、人情关系等影响的弊端。将其运用于论文成果的初评阶段,对下一步进行专家集中评审缩小参评范围、提供评价参考非常有效。

为了满足科研管理界的现实工作需要,学术期刊评价体系在评价指标、方法等的选择方面都向刊物的学术质量评价主动靠拢,在评价过程中也结合了各专业领域权威专家群的定性评价,以增强评价结果的可信度。尽管依靠学术期刊评价体系评价论文成果还存在这样那样的不足之处,但就目前来讲仍是最实用、最合理的。学术期刊评价体系基本满足了当下的科研管理工作的需要,科研管理工作也离不开学术期刊评价体系。

第二节 多个学术期刊评价体系并存发展的必要性

评价活动本质上属于主观认识行为,世界上永远不会出现绝对科学、绝对权威的学术期刊评价体系。之所以出现如此众多的评价体系,是因为在实践中存在着不同评价目的和标准的评价工作,学术期刊评价也需要多种评价体系的创新、竞争和互相借鉴。各评价体系的普遍良好发展其实也说明了多种体系并存是符合现实需要的。

一、不存在绝对科学、绝对权威的学术期刊评价体系

评价行为是个体认识客观存在的必经过程,评价活动也是人类社会生活中不可或缺的重要组成部分。对学术期刊的评价当然也属此类,并从学术期刊出现之日起即伴其而生。通过个体的主观感性体验以及与以往的类似关联经验相比较,再经过思维整理和意识升华所得出的评价结论,直观显性但总不免会流于片面。经过群体认识的相互交流所达成的评价结果和评价标准,或通过群体认可的采集方式获取的评价数据,是协调大多数人的评价所得和接触经验的结果,但依然存在着某些局限和误差。目前存在的各种学术期刊评价体系的理论依据、评价指标、遴选方法就是在这种持续的交流和协调中逐渐稳定下来并不断处在更新和发展状态中,不可能臻于完美。

不管评价体系对于数据的收集整理方式、评价意见的收敛方法如何理性、科学,都摆脱不了评价活动是人类的主观认识行为、学术期刊评价体系只是交流和协调众多主观认识的平台这一本质特征。从这一点来说,世界上永远不会出现绝对科学、绝对权威的学术期刊评价体系。对学术期刊的评价本身就是一个多维复杂的组成,也永远不可能出现穷尽了所有评价方向的学术期刊评价体系。

二、促进学术期刊评价体系整体进步的需要

质疑众多学术期刊评价体系并存必要性的研究者们,一是从节约人力物力的经济原则出发,认为只需要保留一种评价体系即可,没有必要多头研制开发;二是认为众多学术期刊评价体系的评价方法、指标不同,让被评价期刊感到无所适从,不利于规则的统一。这些质疑虽然认识到了学术期刊评价体系有存在的必要性,但忽略了其发展的必要性。

从学术期刊自身发展考虑,一方面,学术期刊评价需要多种评价体系的创新、竞争和互相借鉴,仅保留一种评价体系会降低其主动调整、提升的积

极性甚至消除危机感;另一方面,出于各方使用目的的不同,评价体系需要保持各自的差异化发展,仅凭一种学术期刊评价体系是不可能满足对评价体系如此众多的需求指向。

多个学术期刊评价体系并存对于促进评价体系的发展、使用单位各取所需是非常必要的,应该本着"百花齐放、百家争鸣"的眼界来看待这件事情,而不是考虑把它们统一为一个体系来满足所有的使用要求,或者抛弃、打压其他评价体系仅为一个目的(比如学术评价)服务,这些都是错误的和不可能实现的。

三、各学术期刊评价体系的评价目的和评价内容并不同一

学术期刊界自身发展、图书馆藏机构订购学术期刊、读者选择科研用刊、作者选择投稿方向、科研管理机构评价学术成果等方面的多方向、分层次需要,不可能仅从一家学术期刊评价体系中获得完全满足。实际上,从编制初衷、服务对象和评价内容的各自特点来看,学术期刊评价体系彼此存有差异也响应了现实中的不同需要。

(一)专业机构研制的期刊评价体系

《总览》的研制目的起初主要是向各级各类图书馆提供采购目录和指导读者阅读利用。《总览》第一版"前言"中指出:"严峻的形势迫切要求人们对为数众多的期刊加以系统的研究,认真地鉴别它们的水平与质量,了解它们在所涉及的学科或专业中的地位与作用,以便于各图书馆有选择地收藏与剔除和有计划地管理与开发利用,也便于读者从期刊的海洋中探寻他们所需要的信息。因此,运用文献计量学的方法筛选、确认各学科的核心期刊,已成为图书馆界和情报界当务之急。[1]"第四版又将研制目的扩展为七项:一是"核心期刊表可以作为期刊采购的参考工具";二是"核心期刊表可

---

[1] 庄守经:《中文核心期刊要目总览》(1992年版),北京大学出版社1992年版。

以作为图书馆导读和参考咨询的参考工具";三是"核心期刊表可以作为评价学术研究成果的参考工具";四是"核心期刊表可以作为读者投稿的参考工具";五是"核心期刊表可以为文献数据库选择来源期刊提供参考依据";六是"核心期刊表对提高期刊质量有促进作用";七是"核心期刊研究对文献计量学研究有促进作用"①。

《要览》的主要研制目的是为"学术期刊的使用"和"文献资源的利用"服务,2013年版的"研制报告"专门提到"为了便利和优化学术期刊的使用,以及优化文献资源的利用"。"'学术影响力'统计,特别是期刊在学科中的影响力统计,是研制工作的重点和贯穿始终的主线。"②

CSSCI的主要研制目的是评价学术刊物的学术价值和学术影响力,这一点可以从其一直自视为SSCI的中国版,其评价指标也同SSCI一样选用他引影响因子、总被引频次两项主要评价指标等方面看出。

即使是同为专业机构研制的期刊评价体系,三者的研制目的还是存在差异。总体而言,《总览》的研制目的较为全面,包括刊物的图书馆藏价值和学术影响力;CSSCI的研制目的较为单一明确,主要针对刊物的学术影响力进行的评价;《要览》介乎两者之间。

(二)政府主管部门建立的期刊评价体系

政府主管部门建立的期刊评价体系的评价目的,是对期刊出版质量进行的整体评估和对期刊编辑部工作进行的全面评价。主管部门对刊物有着不同的管理要求和促进发展的方向,由此也在评价的目的和内容上存有差异。如《评估办法》注重对刊物的舆论导向、学术质量、编辑水平、出版规范的整体评价;《指标体系》对刊物的基础建设条件、环境资源条件、出版能力和经营能力进行全面评估;"名刊工程"对刊物的学术质量、主办单位的支持力度、编辑部内部管理等方面提出要求。

---

① 戴龙基、蔡蓉华:《中文核心期刊要目总览》(2004年版),北京大学出版社2004年版。
② 姜晓辉:《中国人文社会科学核心期刊要览》(2013年版),社会科学文献出版社2014年版。

《指标体系》面向社科期刊整体开展评估,并非是针对学术期刊评价而设计的,所以其评价内容最为广泛,如对学术期刊的经营能力进行评价就属此例。即使是《评估办法》中的学术理论类期刊质量标准和"名刊工程"的评审,也同样兼顾学术期刊的全面工作。如"名刊工程"的二级指标包括政治标准、学术标准、编校标准、出版标准、学校管理、编辑人员状况、办刊经费、办刊条件等方面;三级指标包括办刊方向、学术水平、总体策划、栏目设置、学风建设和学术规范、期刊影响、差错率、有关出版的项目变更是否符合审批登记的有关规定、是否按时出刊、版本记录是否齐全、封面和版式设计是否得体、印刷是否美观、是否遵守《广告法》、学校领导对学报工作的管理和指导、学报工作在学校整体工作计划中的地位和学校支持名刊工程建设的规划和措施、专职主编及副主编、主编素质、职称和学历结构、年龄结构、主办单位办刊经费支持力度、办公用房、图书资料建设、办公设备、建设规划和措施、规章制度建设与实施、工作流程管理、编辑队伍建设等方面。这也就不难理解入选的个别期刊在专业机构研制的学术期刊评价体系中排名并不太靠前的原因①。从主管部门角度出发,出台这样的评审标准的目的是引导学术期刊建设的方向,让更多的未入选者以这些评审标准要求自身、查找不足,对学术期刊编辑部工作加大人、财、物的投入,促进学术期刊办刊质量的整体提高起到督促作用。

(三)行业学会创建的期刊评价体系

行业学会创建的期刊评价体系的评价目的和评价内容与政府主管部门建立的期刊评价体系比较接近。以《中国人文社会科学报核心期刊概览》为例,其遴选原则为"除根据国际通行的文献计量学所提供的有关数据外,还从中国高校社科学报的实际出发,组织有关专家成立有权威的评委会,对刊物的方向、学术水平、编校质量、出版印刷质量等重要指标做出全面评估和

---

① 汪继南:《高校哲学社会科学名刊学术影响力测度》,《情报资料工作》2008年第4期。

鉴定①"。由于没有与政府部门建立的期刊评价体系表现出明显的区隔,因此行业学会开展的期刊评价一直没有产生较大的影响力。

(四)转摘数据统计机构研发的学术期刊评价体系

转摘数据统计机构研发的学术期刊评价体系与其他学术期刊评价体系最主要的不同在于完全不采用引文分析方法,或仅采用摘转统计测定法(中南财经政法大学图书馆的"年度学术期刊被转载、摘录量排行榜"),或再加上同行评议法(中国人民大学书报资料中心的"年度'复印报刊资料'转载学术论文指数排名"和"'复印报刊资料'重要转载来源期刊"),其主要依据是对学术期刊刊载论文的定性评价结果。

(五)电子期刊数据库研制的学术期刊评价体系

电子期刊数据库如"中国知网""万方数据"等,依托自身巨量的期刊数字出版资源和强大的数据统计、逻辑运算、综合分析能力研发的学术期刊评价体系,其最大优势也体现在其超大样本的来源数据。广泛收录的大样本统计源的主要优点是以海量的统计数据体现其评价指标数值的可靠性,但学术水平差距较大的来源期刊其在统计中被同一对待的引文质量也存在较大差异;小样本统计源的来源期刊是经过精心选择的,其引文质量差距较小,但来源期刊数量较少也影响到其评价指标数据的实际效用。

第三节 学术期刊评价体系的选用和使用

一、评价结果仅为具体使用提供参考

仅依靠某一家学术期刊评价体系现成的评价结果来简单地评价某家期

---

① 龙协涛:《中国人文社科学报核心期刊概览》,高等教育出版社2003年版。

刊、某篇文章或某个人的学术水平都是不值得提倡的。应该把评价体系的结果作为我们在具体评估中的参考依据,而不应该对其简单迷信。《总览》第三版就此专门解释说:"中文核心期刊表只是一种参考工具书,这里要特别强调'参考'二字。当文摘刊物选择文献源、图书馆选购期刊和为读者导读、教师研究生查找资料和选择读物、科研管理人员进行研究成果评价工作时,都可以把相关学科的核心期刊表作为选择的'参考'。'参考'的意义在于根据各自的需要做增删修改,而不是一成不变地搬来使用。""核心期刊表的价值在于它能面对有各种不同需求的不同层次用户,而用户们'参考'核心期刊表,经过甄别后选定自己需要的期刊,才是正确使用核心期刊表的方法,才能使它真正产生社会效益。向社会提供一种'参考工具书',这便是我们研究并筛选核心期刊的初衷。①"

在《要览》2004 年版"编制说明"和"研制报告"中都专门提到:"本书的目的和宗旨是面向科研工作,为优化科研用刊,为文献资源的优化利用以及文献型数据库的选刊工作提供服务。②" 2008 年版的"研制报告"对研制目的做了新的说明:"通过对学术期刊发展规律和增长趋势的量化分析,找出期刊发展和应用中的核心部分,为便利学术期刊的使用和优化文献资源的利用提供参考服务。③" 2013 年版的"研制报告"对研制目的表述为:"为了便利和优化学术期刊的使用以及优化文献资源的利用。④"

CSSCI 来源期刊遴选是在中文社会科学引文索引指导委员会的指导和审查监督下进行的。指导委员会于 2009 年 12 月 28 日就学术界和社会上存在着的对 CSSCI 的片面理解、不合理使用等倾向,为科学对待、合理使用 CSSCI,专门发出《关于科学对待、合理使用中文社会科学引文索引(CSSCI)的倡议》,提出:"要根据不同的情况和需要恰当地使用 CSSCI,在参照是否被

---

① 戴龙基、张其苏、蔡蓉华:《中文核心期刊要目总览》(2000 年版),北京大学出版社 2000 年版。
② 中国社会科学院文献信息中心文献计量学研究室:《中国人文社会科学核心期刊要览》(2004 年版),社会科学文献出版社 2004 年版。
③ 姜晓辉:《中国人文社会科学核心期刊要览》(2008 年版),社会科学文献出版社 2009 年版。
④ 姜晓辉:《中国人文社会科学核心期刊要览》(2013 年版),社会科学文献出版社 2014 年版。

CSSCI 来源期刊收录、被引次数多少的同时,还应积极完善同行定性评价与定量评价相结合的评价方法,力戒简单以 CSSCI 数据作为评价指标;高校科研管理部门要积极探索建立多元化评价体系和标准,大力推行代表作制,力戒简单依据 CSSCI 数据对教师进行科研成果评价或周期性的工作量考核。……学术期刊也要在高度重视 CSSCI 对期刊发展的积极引导作用的同时,要切实避免将是否被 CSSCI 收录作为办刊质量的唯一标尺……"[1]

二、对具体使用的建议

(一)使用方应立足自身需求自主选择评价体系

学术期刊评价体系的使用者应该立足于自身需求,按照评价体系的适用性、实用性等因素,自主选择其中一种或多种联合使用来开展适合自身需求的学术评价工作。

在学术期刊评价的具体选择上,首先应考虑使用方向与学术期刊评价体系研制目的的契合度问题。如普通图书馆藏机构选择期刊订阅目录参考选择《总览》较为合适,而科研机构资料室订阅期刊则选择《要览》或 CSSCI 作为参考更佳。因为《要览》或 CSSCI 主要是对学术期刊作评价,而《总览》就不只限于学术刊物。如果使用方向是对刊物的综合评价,可以选择政府主管部门或行业学会建立的评价体系。如果仅考虑期刊的影响因子等单项数据,可以选择"中国知网""万方数据"等提供的大样本统计数据或 CSSCI 提供的小样本统计数据。

其次应注意所选用评价体系的更新。各评价体系都会定期公布最新的评价结果,评价结果是对学术期刊最近办刊质量的反映。使用方应该及时响应,更新自己的评价参考依据,以提高评价效果的合理性。

---

[1] http://cssrac.nju.edu.cn/news_show.asp? Articleid=73.

(二)使用方可以参考评价结果自主建立评价体系

使用方可以根据自身的评价目的、被评价方的实际情况,参考所选定的评价体系的评价结果自主建立更具实用意义的评价体系。这一点也是期刊评价体系研制方所提倡的。对于社会上争论最为激烈的《总览》在职称评定上的使用,《总览》第三版专门讲道:"尤其是在评定职称的问题上,一定要依据评定的专业范围、学术级别等具体情况自己定出适合于本单位的'重要期刊表',而不应不加选择地搬用核心期刊表。不同级别、不同性质的专业人员都用同一个核心期刊表评定职称,显然也是不合理的。"如国内高校的科研管理机构普遍采用 CSSCI 评价来源期刊目录作为科研论文的评价基准,很多高校按照本校学科积累和学术发展实际,或者对 CSSCI 评价来源期刊目录进行增删,或者再进一步结合本校实际划分为"权威期刊""重要期刊""核心期刊"(有的表述为"A 类、B 类、C 类")等几类,以提高其对于本校科研实际的评价效度。

自主建立评价体系可以在参考期刊评价体系评价结果的同时,更加切合具体使用实际。在自主建立时,首先应对使用对象开展较为细致的调研工作,如科研管理机构应对本单位各学科的科研力量、以往发表论文情况、主要刊发期刊群等进行摸底;其次应广泛征求意见,争取获得尽可能多的人的支持和理解,自主建立的评价体系应在接受各学科专家、使用者、被评价方等多方意见后整合而成;最后这个评价体系也应始终处于不断修订之中,以适用于不断发展中的实际评价工作。

(三)"以刊评文"宜应用于具体使用的初选阶段

一方面,学术期刊评价体系的确为科研管理机构提供了评价海量的、多学科方向的学术论文的简化工具,极大地简化了繁复的工作程序、有效地降低了繁重的工作量,而且大多数在高级别学术期刊刊发的论文其学术水平还是有保证的。另一方面,不用研读论文、不必具备专业知识,只依靠刊发期刊等级"以刊评文",简单地鉴别学术论文的价值,也的确有失严谨。有鉴于此,"以刊评文"适宜使用于具体评价的初选和粗略评价阶段,精细评价还需要有在各专业学术领域有造诣的专家学者的参与下的定性评价。将"以刊评文"应用在初选和粗略评价阶段正好可以扬长避短,在下一步的精细评价中可以加入评审组的定性评价或更多数据支撑的定量评价,这样的评价配置可以较充分地发挥定性评价和定量评价各自的优点,有效提高科研管理工作的有效性、合理性和可操作性。

参考文献

一、学术著作：

1. 王崇德：《文献计量学引论》，广西师范大学出版社1997年版。
2. 〔美〕尤金·加菲尔德：《引文索引法的理论及应用》，侯汉清、陆宝树、马张华译，北京图书馆出版社2004年版。
3. 李亦农、李梅：《信息论基础教程》，北京邮电大学出版社2005年版。
4. 钱荣贵：《核心期刊与期刊评价》，中国传媒大学出版社2006年版。
5. 中国人文社会科学学报学会：《学术·学报·学会》，武汉大学出版社2008年版。
6. 刘大椿等：《人文社会科学研究成果评价体系研究》，经济科学出版社2009年版。
7. 袁军鹏：《科学计量学高级教程》，科学技术文献出版社2010年版。
8. 任全娥：《人文社会科学成果评价研究》，中国社会科学出版社2010年版。
9. 邱均平、文庭孝等：《评价学理论·方法·实践》，科学出版社2010年版。
10. 冯春明、郑松涛：《中文核心期刊评价研究》，河北科学技术出版社2010年版。
11. 邱均平、谭春辉、任全娥等：《人文社会科学评价理论与实践》（上册），武汉大学出版社2012年版。
12. 邱均平、谭春辉、任全娥等：《人文社会科学评价理论与实践》（下册），武汉大学出版社2012年版。

二、工具书：

《中文核心期刊要目总览》类：

1. 庄守经：《中文核心期刊要目总览》（1992年版），北京大学出版社1992年版。

2.林被甸、张其苏:《中文核心期刊要目总览》(1996年版),北京大学出版社1996年版。

3.戴龙基、张其苏、蔡蓉华:《中文核心期刊要目总览》(2000年版),北京大学出版社2000年版。

4.戴龙基、蔡蓉华:《中文核心期刊要目总览》(2004年版),北京大学出版社2004年版。

5.朱强、戴龙基、蔡蓉华:《中文核心期刊要目总览》(2008年版),北京大学出版社2008年版。

6.朱强、蔡蓉华、何峻:《中文核心期刊要目总览》(2011年版),北京大学出版社2011年版。

《中国人文社会科学核心期刊要览》类:

7.中国社会科学院文献信息中心文献计量学研究室:《中国人文社会科学核心期刊要览》(2004年版),社会科学文献出版社2004年版。

8.姜晓辉:《中国人文社会科学核心期刊要览》(2008年版),社会科学文献出版社2009年版。

9.姜晓辉:《中国人文社会科学核心期刊要览》(2013年版),社会科学文献出版社2013年版。

《中国人文社科学报核心期刊概览》类

10.龙协涛:《中国人文社科学报核心期刊概览》,高等教育出版社2003年版。

《中国学术期刊影响因子年报》类:

11.中国科学文献计量评价研究中心、清华大学图书馆:《中国学术期刊影响因子年报·人文社会科学》2010年(第8卷),中国学术期刊(光盘版)电子杂志社,2010年。

12.中国科学文献计量评价研究中心、清华大学图书馆:《中国学术期刊影响因子年报·人文社会科学》2011年(第9卷),中国学术期刊(光盘版)电子杂志社,2011年。

13.中国科学文献计量评价研究中心、清华大学图书馆:《中国学术期刊影响因子年报·人文社会科学》2012年(第10卷),中国学术期刊(光盘版)电子杂志社,2012年。

14.中国科学文献计量评价研究中心、清华大学图书馆:《中国学术期刊影响因子年报·自然科学与工程技术》2010年(第8卷),中国学术期刊(光盘版)电子杂志社,

2010年。

15.中国科学文献计量评价研究中心、清华大学图书馆:《中国学术期刊影响因子年报·自然科学与工程技术》2011年(第9卷),中国学术期刊(光盘版)电子杂志社,2011年。

16.中国科学文献计量评价研究中心、清华大学图书馆:《中国学术期刊影响因子年报·自然科学与工程技术》2012年(第10卷),中国学术期刊(光盘版)电子杂志社,2012年。

中国科技期刊引证报告类:

17.北京万方数据股份有限公司:《2010年版中国科技期刊引证报告》(扩刊版),科学技术文献出版社2010年版。

18.北京万方数据股份有限公司:《2011年版中国科技期刊引证报告》(扩刊版),科学技术文献出版社2011年版。

19.北京万方数据股份有限公司:《2012年版中国科技期刊引证报告》(扩刊版),科学技术文献出版社2012年版。

20.北京万方数据股份有限公司:《2013年版中国科技期刊引证报告》(扩刊版),科学技术文献出版社2013年版。

三、学术论文:

1.缪其浩:《加菲尔德和引文索引》,《情报科学》1981年第1期。

2.楠湖:《布拉德福定律和加菲尔德定律的比较——浅议科技期刊管理和流通工作的发展》,《图书馆工作与研究》1985年第4期。

3.范铮:《原始的布拉德福定律》,《图书情报工作》1989年第1期。

4.林蓉辉:《引文分析质疑》,《情报科学》1991年第3期。

5.叶新明:《引文中伪引和漏引的机制分析》,《中国图书馆学报》1998年第1期。

6.谭石初、刘继宁、牟庆森:《学术类科技论文中非信息成分的编辑识别》,《编辑学报》1998年第2期。

7.于鸣镝:《再论期刊等级》,《晋图学刊》1998年第4期。

8.邹志仁:《中文社会科学引文索引(CSSCI)之研制、意义与功能》,《南京大学学报》(哲学·人文科学·社会科学)2000年第4期。

9. 马费成:《CSSCI与社会科学评价》,《南京大学学报》(哲学·人文科学·社会科学)2000年第4期。

10. 周祥森:《"核心期刊"论对学术期刊编辑工作的严重危害》,《学术界》2001年第4期。

11. 缪家鼎、马景娣:《我国两种人文社会科学核心期刊要览的比较》,《情报资料工作》2001年第1期。

12. 叶继元:《中文核心期刊研究之我见》,《学术界》2001年第4期。

13. 王玲、叶继元:《中文核心期刊研究的现状及其走向》,《中国图书馆学报》2001年第5期。

14. 王晓莉、叶良均、徐飞、姚政权:《SCI作为科研成果评价标准的局限性研究》,《自然辩证法研究》2001年第11期。

15. 郑小枚:《"核心"的流行与边缘的思考》,《安徽大学学报》(哲学社会科学版)2001年第5期。

16. 苏广利、许新军:《社科论著参考文献引用中的七种不良行为》,《图书馆工作与研究》2002年第2期。

17. 蔡曙山:《中国社会科学发展和社会科学评价》,《学术界》2002年第3期。

18. 蔡蓉华、史复洋:《〈中文核心期刊要目总览〉研究综述》,《大学图书馆学报》2002年第5期。

19. 高琦:《"方阵构想"对学报工作的指导意义》,《编辑之友》2002年第6期。

20. 许晶:《关于"核心期刊"与评价系统的思考》,《学术界》2002年第6期。

21. 钱荣贵:《"核心期刊"的负面效应、成因及消除策略》,《学术界》2002年第6期。

22. 叶建华:《中文社会科学引文索引来源期刊筛选方法的分析与评价》,《情报科学》2002年第10期。

23. 刘斯翰:《"核心期刊"问题之我见》,《出版广角》2002年第12期。

24. 张小路:《"核心期刊"的作用需要回归》,《出版广角》2002年第12期。

25. 徐兴余:《关于"核心期刊"应用的局限性问题》,《情报杂志》2003年第2期。

26. 刘大椿:《人文社会科学的学科定位与社会功能》,《中国人民大学学报》2003年第3期。

27. 李诗信:《"核心期刊"并不等于"优秀期刊"》,《编辑学刊》2003年第5期。

28.王宏鑫:《Bradford 分布理论研究的发展》,《情报杂志》2003 年第 7 期。

29.李正元:《构建社科期刊评价体系的理论思考》,《合肥工业大学学报》(社会科学版) 2004 年第 1 期。

30.宇轩、之君:《"核心期刊"在中国的异化——以建筑学科期刊为例》,《时代建筑》2004 年第 2 期。

31.林桂芝:《"名刊"之路——由教育部高校哲学社会科学"名刊工程"引发的思考》,《东北财经大学学报》2004 年第 2 期。

32.倪润安:《中国人文社会科学学术成果评价体系建立的困境与出路——当前研究状况的总结与思考》,《社会科学管理与评论》2004 年第 2 期。

33.朱大明:《参考文献的主要作用与学术论文的创新性评审》,《编辑学报》2004 年第 2 期。

34.杨红军:《对核心期刊的正确认识与合理利用》,《石油大学学报》(社会科学版) 2004 年第 3 期。

35.邢东田:《怎样看待核心期刊——访〈中国人文社会科学核心期刊要览〉主编姜晓辉先生》,《太原师范学院学报》(社会科学版) 2004 年第 3 期。

36.龙协涛:《建设高校学术理论名刊促进哲学社会科学繁荣——首批入选教育部高校哲学社会科学名刊的 11 家学报联合倡议书》,《北京大学学报》(哲学社会科学版) 2004 年第 3 期。

37.刘曙光:《关于"核心期刊"及学术期刊评价机制的几点思考》,《云梦学刊》2004 年第 4 期。

38.姜晓辉:《〈中国人文社会科学核心期刊要览〉研制的过程与特点》,《云梦学刊》2004 年第 5 期。

39.郝勇:《"核心期刊"辨析》,《大学图书情报学刊》2004 年第 6 期。

40.滕颖、蒋新:《〈中文核心期刊要目总览〉的重叠评价方法》,《江南大学学报》(人文社会科学版) 2005 年第 1 期。

41.谷瑞升、张飞萍、李永慈、于振良、杜生明:《关于社科期刊评价体系的思考》,《四川师范大学学报》(社会科学版) 2005 年第 4 期。

42.谷瑞升、张飞萍、李永慈、于振良、杜生明:《国家自然科学基金专家评议状况评估初探》,《中国科学基金》2005 年第 5 期。

43. 朱大明：《参考文献引用的学术评价作用》，《编辑学报》2005 年第 5 期。

44. 向志柱：《论文影响、转载排名与学术期刊评价》，《中国高等教育》2005 年第 5 期。

45. 唐品：《"科学引文索引"及其在科研评价中的作用》，《图书与情报》2005 年第 11 期。

46. 刘良初：《从"小众"到"大众"：谈期刊评价机制的变革》，《出版发行研究》2005 年第 12 期。

47. 陈国剑：《"核心期刊"与期刊评价刍议》，《中国出版》2006 年第 1 期。

48. 史庆华：《影响因子评价专业学术期刊的科学性与局限性》，《现代情报》2006 年第 1 期。

49. 李继晓、蔡成瑛：《对各种核心期刊评价方法的分析》，《中国科技期刊研究》2006 年第 2 期。

50. 万锦堃、花平寰、宋媛媛、杜剑、孙秀坤：《H 指数及其用于学术期刊评价》，《评价与管理》2006 年第 3 期。

51. 白云：《中国人文社会科学期刊被引半衰期分析研究》，《云南师范大学学报》（哲学社会科学版）2006 年第 4 期。

52. 江虎军、冯雪莲、杨新泉、唐隆华、何建庆：《影响科学基金项目同行评议质量的因素及改进措施》，《中国科学基金》2006 年第 6 期。

53. 刘红：《科技期刊的 H 指数与影响因子比较》，《中国科技期刊研究》2006 年第 6 期。

54. 郭玲、陈燕：《参考文献著录中的学术道德缺失现象及其防范》，《编辑学报》2007 年第 1 期。

55. 金壁辉：《R 指数、AR 指数：H 指数功能扩展的补充指标》，《科学观察》2007 年第 3 期。

56. 赵基明：《H 指数及其在中国学术期刊评价中的应用》，《评价与管理》2007 年第 4 期。

57. 常思敏：《参考文献引用中的学术不端行为分析》，《出版科学》2007 年第 5 期。

58. 姜春林、梁若愚、田文霞：《SSCI 期刊分布及其对我国社会科学评价的影响》，《科技进步与对策》2008 年第 1 期。

59. 苏新宁：《构建人文社会科学学术期刊评价体系》，《东岳论丛》2008 年第 1 期。

60. 陈铭：《从核心期刊概念的演变看核心期刊功能的转变》，《图书与情报》2008 年第 2 期。

61. 汪继南：《高校哲学社会科学名刊学术影响力测度》，《情报资料工作》2008 年第 4 期。

62. 范建凤：《当前学术评价机制的特点及其对高校学报工作的负效应》，《江汉大学学报》

（社会科学版）2008年第4期。

63.赵丹群:《"复印报刊资料"的学术评价功能》,《情报资料工作》2008年第5期。

64.冯春明、郑松涛:《对学术期刊评价问题的再思考》,《河北学刊》2008年第6期。

65.富明:《H指数及其意义》,《科学时代》2009年第1期。

66.赖茂生、屈鹏、赵康:《论期刊评价的起源和核心要素》,《重庆大学学报》(社会科学版)2009年第3期。

67.姜惠莉、冯春明、秦绍芳:《正确认识引文分析及其对核心期刊的评价功能》,《河北师范大学学报》(哲学社会科学版)2009年第5期。

68.何荣利、黄振文:《关于布拉德福定律中的两个问题》,《中国科技期刊研究》2009年第6期。

69.赵静娟、郑怀国、谭翠萍、邱琳:《中文期刊全文数据库的评价研究——以清华同方和重庆维普为例》,《现代情报》2009年第10期。

70.俞立平、潘云涛、武夷山:《学术期刊评价中不同利益主体关系研究》,《科学学与科学技术管理》2009年第12期。

71.叶继元:《学术期刊质量评价与核心期刊评价之异同》,《图书情报工作》2009年第18期。

72.陶家柳:《"基金论文优先"辩》,《中国科技期刊研究》2010年第2期。

73.李爱群、赵智岗、邱均平:《中美学术期刊评价存在的主要问题及未来评价方向》,《重庆大学学报》(社会科学版)2010年第4期。

74.易祖民:《对布拉德福定律合理性的思考》,《农业图书情报学刊》2011年第1期。

75.郑德俊:《期刊评价中的关键指标评析及相关性研究》,《图书情报工作》2011年第4期。

76.张小强:《期刊下载频次与被引频次及影响因子相关性——以中国知网CSCD与CHSSCD刊物为样本的计量分析》,《情报理论与实践》2011年第8期。

77.张楠:《我国政府部门期刊评价历程及得失分析》,《出版科学》2012年第2期。

78.赵均:《编辑出版学中的"期待视野"》,《中国出版》2012年3月下期。

79.朱剑:《量化指标:学术期刊不能承受之轻——评〈全国报纸期刊出版质量综合评估指标体系(试行)〉》,《清华大学学报》(哲学社会科学版)2013年第1期。

80.许海云、方曙:《基于引文分布和引文网络的学术期刊评价指标研究》,《情报科学》

2013 年第 1 期。

81. 周爱民:《几种布拉德福分散曲线拟合模型的实证比较》,《情报杂志》2013 年第 1 期。

82. 孟耀:《学术期刊质量的评价方法与指标分析》,《东北财经大学学报》2013 年第 5 期。

83. 钱澄:《引文分析方法的本土化——以人文社会科学期刊评价为中心》,《南京大学学报》(哲学·人文科学·社会科学)2013 年第 6 期。

84. Gross P. L. K., Gross E. M., College libraries and chemical education. *Science*, 1927, 66 (1713).

85. Bradford S. C., Sources of Information on Specific Subject, *Engineering*, 1934.1.26.

86. Garfield E., Citation Analysis as a Tool in Journal Evaluation, *Science*, 1972, 178, (4060).

87. Moed H. F., Vriensv M., Possible Inaccuracies Occurring in Citation Analysis, *Journal of Information Science*, 1989, 15(2).

88. Vickery B. C., Bradford's law of Scattering, *Journal of Documentation*, 1994, (4).

89. Garfiled E., How Can Impact Factors Be Improved?, *British Medical Journal*, 1996, 313.

90. Garfield E., The 250 Most-Cited Authors, 1961-1975. Part 1-2, *Current Contents*, 1997, (49.50).

91. Amin M., Mabe M., Impact factors: use and abuse, *Perspectives in Publishing*, 2000, (1).

四、网站资源:

1. 中华人民共和国教育部, http://www.moe.gov.cn。

2. 中国知网, http://www.cnki.net。

3. 万方数据知识服务平台, http://www.wanfangdata.com.cn。

4. 全国高等学校文科学报研究会, http://www.cusjs.com。

5. 中国人民大学书报资料中心, http://www.zlzx.org。

6. 南京大学中国社会科学研究评价中心, http://cssci.nju.edu.cn。

7. 中南财经政法大学图书馆, http://lib.znufe.edu.cn。

图书在版编目(CIP)数据

中文人文社会科学学术期刊评价体系研究/赵均著. —北京:中国传媒大学出版社,2016.12

(中国出版产业发展研究丛书/蔡翔总主编)

ISBN 978-7-5657-1598-3

Ⅰ.①中… Ⅱ.①赵… Ⅲ.①中文—人文科学—社会科学—学术期刊—研究—中国 Ⅳ.①G237.5

中国版本图书馆 CIP 数据核字（2016）第 017706 号

中文人文社会科学学术期刊评价体系研究
ZHONGWEN RENWEN SHEHUI KEXUE XUESHU QIKAN PINGJIA TIXI YANJIU

著　　者	赵　均
责任编辑	赵丽华　唐　颖
封面制作	泰博瑞国际文化传媒
责任印制	曹　辉
出版发行	**中国传媒大学**出版社
社　　址	北京市朝阳区定福庄东街 1 号　邮编:100024
电　　话	86-10-65450528　65450532　传真:65779405
网　　址	http://www.cucp.com.cn
经　　销	全国新华书店
印　　刷	北京艺堂印刷有限公司
开　　本	710mm×1000mm　1/16
印　　张	13.5
字　　数	186 千字
版　　次	2016 年 12 月第 1 版　2016 年 12 月第 1 次印刷
书　　号	ISBN 978-7-5657-1598-3/G·1598　定　价　49.00 元

版权所有　　翻印必究　　印装错误　　负责调换